会社別就活ハンドブックシリーズ

2025

アシックスの
就活ハンドブック

就職活動研究会 編
JOB HUNTING BOOK

は じ め に

　2021年春の採用から，1953年以来続いてきた，経団連（日本経済団体連合会）の加盟企業を中心にした「就活に関するさまざまな規定事項」の規定が，事実上廃止されました。それまで卒業・修了年度に入る直前の3月以降になり，面接などの選考は6月であったものが，学生と企業の双方が活動を本格化させる時期が大幅にはやまることになりました。この動きは2022年春そして2023年春へと続いております。

　また新型コロナウイルス感染者の増加を受け，新卒採用の活動に対してオンラインによる説明会や選考を導入した企業が急速に増加しました。採用環境が大きく変化したことにより，どのような場面でも対応できる柔軟性，また非接触による仕事の増加により，傾聴力というものが新たに求められるようになりました。

　『会社別就職ハンドブックシリーズ』は，いわゆる「就活生向け人気企業ランキング」を中心に，当社が独自にセレクトした上場している一流・優良企業の就活対策本です。面接で聞かれた質問にはじまり，業界の最新情報，さらには上場企業の株主向け公開情報である有価証券報告書の分析など，企業の多角的な判断・研究材料をふんだんに盛り込みました。加えて，地方の優良といわれている企業もラインナップしています。

　思い込みや憧れだけをもってやみくもに受けるのではなく，必要な情報を収集し，冷静に対象企業を分析し，エントリーシート作成やそれに続く面接試験に臨んでいただければと思います。本書が，その一助となれば幸いです。

　この本を手に取られた方が，志望企業の内定を得て，輝かしい社会人生活のスタートを切っていただけるよう，心より祈念いたします。

就職活動研究会

Contents

第1章

アシックスの会社概況

会社によって選考方法は千差万別。面接で問われる内容や採用スケジュールもバラバラだ。採用試験ひとつとってみても，その会社の社風が表れていると言っていいだろう。ここでは募集要項や面接内容について過去の事例を収録している。

また，志望する会社を数字の面からも多角的に研究することを心がけたい。

✔ アシックススピリット

■1．フィロソフィー

創業哲学

「健全な身体に健全な精神があれかしー "Anima Sana In Corpore Sano"」

■アシックスの理念

1．スポーツを通して，すべてのお客様に価値ある製品・サービスを提供する

2．私たちを取り巻く環境をまもり，世界の人々とその社会に貢献する

3．健全なサービスによる利益を，アシックスを支えてくださる株主，地域社会，従業員に還元する

4．個人の尊厳を尊重した自由で公正な規律あるアシックスを実現する

■2．ビジョン

Create Quality Lifestyle through Intelligent Sport Technology

スポーツでつちかった知的技術により，質の高いライフスタイルを創造する

■3．バリュー

1．スポーツマンはルールを守る

2．スポーツマンはフェアプレーの精神に徹する

3．スポーツマンは絶えずベストを尽くす

4．スポーツマンはチームの勝利のために闘う

5．スポーツマンは能力を高めるために常に鍛錬する

6．スポーツマンは，「ころんだら，起きればよい。失敗しても成功するまでやればよい。」

✔ 会社データ

創　業	昭和24年9月1日
合　併	昭和52年7月21日 オニツカ株式会社・株式会社ジィティオ・ジェレンク株式会社の3社が合併して，現社名：株式会社アシックスとなる。
代表取締役社長 CEO 兼 COO	廣田　康人
社長COO	富永　満之
株式上場	東京証券取引所プライム市場
資 本 金	23,972百万円　（2022年12月31日）
従 業 員	8,886人（連結）　982人（単体） （2022年12月31日現在）
事業内容	各種スポーツ用品等の製造および販売
年間売上高	484,601百万円（連結）　31,564百万円（単体） （2022年12月期実績）
事業所	本社 〒650-8555　神戸市中央区港島中町7丁目1番1 TEL：078-303-2231 スポーツ工学研究所 〒651-2271　神戸市西区高塚台6丁目2番1 渋谷オフィス 〒150-0002　東京都渋谷区渋谷1丁目2番5号 MFPR渋谷
関係会社	国内：13社 海外：61社（北米，欧州，中華圏，オセアニア，東南・南アジア ほか） 2022年12月31日現在

✔ 仕事内容

グローバルマーケティング

アシックス本社のマーケティングは、グローバルが対象となります。

・カテゴリーマーケティング

グローバルで展開するブランド・商品のマーケティングキャンペーンのコンテンツを作成しています。キャンペーンを通じてお客様に伝えたいメッセージを市場調査、そして社内部門と海外販社とのコミュニケーションを通じて決定。エージェントと協力しながらそのメッセージをどのようにお客様に伝えるかを検討し、SNSやその他メディアで展開するコンテンツを完成させます。

・マーケティングコミュニケーション

アシックスが掲げている企業理念、ブランドメッセージや商品を「いつ・どこで・誰に・どのようなツールを活用して消費者に発信していくのか」を社内部門や海外販社と密にコミュニケーションをとり、当社の契約大会・協会やイベントを通じて実行していきます。

・ブランド戦略

マーケットの動向や消費者の購買意欲、消費活動を外部の代理店とも協力しながら調査・分析しています。また、ブランドとして一貫性のある世界観、キャッチコピー、ビジュアルで全世界にイメージを発信するため、ブランドロゴの使われ方を管理するなどの役割を担っています。アシックスのストアや取引先の店舗で使用するVMDツールの制作も行っています。

商品企画

世界各地での消費者ニーズなどをもとに企画部門がコンセプトを作ります。ターゲットの設定や競合分析・現状の課題の洗い出しなどを行ない、1年半〜2年先の市場性に合致するものを検討します。

研究（スポーツ工学研究所）

「Human centric science」にこだわり、人間の運動動作に着目・分析し、独自に開発した素材や構造設計技術を用いることによって、アスリートのみならず、世界の人々の可能性を最大限に引き出すイノベーティブな技術、製品、サービスを継続的に生み出します。大きく分けて6つの観点から研究開発を進めています。

・人間特性研究

種目、年代、性別などによって異なる運動時の身体の動きや負荷などの分析や形態測定と、その結果に基づき、製品・サービスにとって必要な機能を抽出する業務

・材料研究

シューズ用部材として使用されている樹脂・ゴム・スポンジの高機能化、高付加価値化、低環境負荷などを目的として材料配合から研究開発を行う業務

・構造研究

人間特性研究で得られた結果をもとにしたシューズやアパレル、用具の構造提案、コンピューターシミュレーションの活用による設計および設計手法の開発、実験による評価・検証を実施する業務

・分析評価試験手法に関する研究

シューズ、アパレル、用具に使用する材料や製品の品質維持・向上に向けた基準値の設定や新たな試験・評価方法の確立に関する業務

・生産技術研究

シューズの高機能化や低環境負荷などを目指した成形技術の開発や、開発品・新材料の量産化に向けた生産工場への技術指導などに関する業務

・デジタルコンテンツに関する研究

人間特性研究から得た知見やビッグデータの解析に基づく運動プログラムの提案、ウェアラブル技術を活用した測定評価手法・アプリ開発などのサービスコンテンツに関する業務

デザイン

デザイナーは、日本国内、海外で販売されるアシックス商品のデザイン全般に関わる業務を担当します。商品企画担当者によって立案される商品企画案を受け、コンシューマーニーズを満たす機能性を発揮し、コンシューマーやマーケットトレンドを考慮しながら、アシックスらしさを魅力的にアップデートするデザインを提案します。

その後のパターン（型紙）や図面の作成、ロゴやグラフィックの作成、カラーシミュレーション等、商品完成までのデザインに関する全てに対して責任を持つ業務です。

商品開発

新しいシューズを作るときには、まず世界各地での消費者ニーズなどをもとに

企画部門がコンセプトを作り、デザイナーがデザイン案を作ります。

商品開発の役割は、それらをどう製品にするのか、素材や材料構成などの具体的な内容を考え、工場に伝えて実際に形にしていくこと。できあがったサンプルを、学生選手やトップアスリートにテスト履きしてもらい、使用感を聞き取って改良を施すのも重要な仕事です。

生産

商品化が決定した商品の本生産に移行する段取りを組み、納品までを管理します。工場の生産キャパシティを管理し、納期遅れがないよう調整します。工場は海外にあるため、現地に出張して直接交渉を行なうことも多いです。

・生産管理

製品に使用する材料／資材、工場の生産足数のキャパシティ等を管理し、納期遅れしないよう調整に携わる部署です。

・原価管理

海外の生産工場や販社との折衝が主な仕事です。工場とは、生産内容や量、コストなど様々な交渉を行い、取引価格や諸条件を決めていきます。

・カスタム生産

プロ及びアマチュア選手やチームに対して足型計測をし、その人に合ったシューズを作製する部署で

管理部門

ビジネスの方向性を定め、経営計画の達成に向けてアシックスグループで働く社員を支える、重要な役目を担う管理部門の一部についてご紹介します。

・経理財務

企業の資源である「ヒト・モノ・カネ」のうち、お金の管理や情報の収集・作成をする仕事です。

・経営企画

アシックスグループ全体の戦略の立案・策定、情報提供等トップのサポート、グループ全体の経営管理を行っています。

・法務

契約書の作成・審査・保管などの法務に関する業務や、株式・株主に関する業務のほか、コンプライアンスやリスクマネジメントに関する業務を担います。

・IT

IT 部門では、お客様や従業員の要望に対して、IT システムを用いて様々な支援を行っています。 グローバルで蓄積された膨大な情報を分析、実績を可視化し、IT システムのグローバルでの標準化や効率化を図り、優れたグローバル IT オペレーションの追求をしていきます。

・人事総務

人財採用、教育研修、人事制度の策定、人財配置、労務管理、働く環境の整備などを行っています。

マーケティング（地域別）

アシックスジャパン及び海外販売会社でのマーケティングは、アシックス本社が発信した方針をもとに、各地域ごとのマーケティング戦略に落とし込み、実行します。

・カテゴリーマーケティング

カテゴリーごとの新商品に対するマーケティング戦略の立案を行います。

・マルチチャネルマーケティング

あらゆる Platform で一貫した Brand コミュニケーションを推進。マーケティング効果の最適化を目的とした All channel での活動を行います。

・スポーツマーケティング

アスリートや各競技協会、学校などへのサポートを通して各種マーケティング活動を展開します。

営業

アシックスジャパン及び海外販社は、アシックス製品の各地域内における卸売、小売、マーケティング活動を主に行っています。営業先は、アシックス製品を仕入れて販売するスポーツ店などですが、その先にいるユーザーに少しでも多く製品を届けるため、ヒト（売る人）、モノ（商品）、コト（イベントなど）をつなぎつつ、新しいニーズをつかみ、市場を創造する役割も担っています。

店舗スタッフ

店舗スタッフは、店頭で直接お客様に接する仕事です。 現在アシックスでは「アシックスストア」「オニツカタイガー」「アシックスウォーキング」「アシックスファクトリーアウトレット」を展開しています。

✔ 先輩社員の声

自由だけどルーズじゃない
最高のデザインは働きやすい環境から

【スポーツスタイル統括部．デザイン部（デザイン職）／2017年入社】
アシックスを選んだきっかけは？
もともとシカゴにある美術大学でデザインの勉強をしており、そのまま英語と日本語を生かせるグローバルな企業で働こうとアメリカで就職活動をしていました。そんな中、バイリンガル向けの就活イベントでアシックスがデザイン職を募集していることを知り、エントリーすることにしたんです。面接などを通じて、社員の方々の温かい人間性やフレンドリーな会社の雰囲気を感じていたので、内定をいただいたら入社しようと決めていました。

学生時代に夢中になったことは？
学生時代は陸上部で短距離をやっていました。部活とは別にクラブチームにも入るほど力を入れて取り組んでいましたね。自分が努力をすればするほど結果として返ってくる個人競技は、自分の性格にも合っていたのか、すごくやりがいを感じていました。また絵を描くことも大好きで、高校時代は陸上と並行して漫画制作にも情熱を注いでいたんです。何回かコミックマーケットにも出展したことがあります。大学に入ってからは絵画を中心に作品を作るようになり、仲間とよく展示会を開いていました。

今の仕事内容について具体的に教えてください。
スポーツスタイル商品のデザイナーとして、インラインからコラボ企画まで幅広いアイテムに携わっています。主に担当しているのは、カラーとマテリアルデザインです。ボストンとアムステルダムにいるグローバルメンバーとともに、マーケットやトレンドを調査しながらシーズンごとのカラーパレットを決め、商品コンセプトなどを考えながらアイテムに落とし込んでいくんです。またコラボや別注モデルのデザイン業務では、他ブランドや外部デザイナーのリクエストに基づいて、アイテムのコンセプト、デザイン、カラーの提案をしています。
海外オフィスのデザインチームをはじめ、マーチャンダイジングチームやプロダクトマーケティング部、開発部などさまざまな部署と連携を取るので、コミュニケーションがとても大切な仕事だと思います。

スポーツ、グローバル環境、神戸。
この３つが揃った環境で働ける喜び

【アパレル・エクィップメント統括部　開発部／ 2020 年入社】
アシックスを選んだきっかけは？

カナダに１年間ワーキングホリデーに行き、アシックスの現地のストアで働く中で商品の良さはもちろん、企業理念である「健全な身体に健全な精神があれかし」に共感したのがアシックスに応募したきっかけです。「スポーツ」「グローバル環境」「神戸」という自分が好きな３つが揃ったアシックスでの勤務は、毎日が充実しています。

今の仕事内容について具体的に教えてください。

アパレルの開発業務、主に世界陸上やラグビーワールドカップ等のゲームウエア、サッカーのインラインアイテムの開発を担当しています。開発業務を簡単に説明すると大きく「資材選定」「サンプル作成」の２つに分けることができます。

「資材選定」

お客様や選手が求めるものを製作するための資材、生地やトリムを選定します。競技によって求められるものが大きく異なるので資材選定は非常に重要です。また、競技の特徴を理解するだけでなく、ISS（アシックススポーツ工学研究所）と協力して、より良い商品作成のために実験を行ったり、地球環境に優しい商品づくりを心掛け、サステナブルな資材を積極的に採用するようにしています。

「サンプル作成」

資材選定が終わるとデザイナーが描いたデザインを、実際にサンプルとして形にします。工場でサンプルを作成してもらった後、より良い製品になるように改善や試験を行います。最終版のサンプルが完成したら、本生産に向けて本生産チームに引継ぎを行います。

上記の開発業務において、海外販社や海外工場と連絡を取ることが多く、英語を使う機会が非常に多いのも特徴です。

今後チャレンジしてみたいことは？

学生自体からフィールドホッケーを続けているので、「フィールドホッケーシューズ開発」に携わりたいですね。AOP(アシックスオセアニア) や AEB (アシックスヨーロッパ) で、選手に一番近いポジションでシューズ開発に携わり、2028 年のロサンゼルスオリンピックで、自身が開発に携わったシューズで各国の選手が活躍する姿を見たいです！

物怖じしないチャレンジで
より良いシューズを届けたい

【パフォーマンスランニングフットウェア統括部開発部（開発職）／2017年入社】
アシックスを選んだきっかけは？

科学の視点で人間を研究しながら、より良い製品を生み出す仕事がしたいと考えていたんです。そう思うようになったのは、中学から高校まで陸上部で活動する中で、人間が走る動きそのものに興味を持ったことがきっかけでした。大学では人間工学を学び、大学院ではバイオメカニクスの研究にも携わり、自然とその知見を自分の好きな陸上というスポーツに生かしたいと思うようになりました。

アシックスはスポーツ工学研究所という研究施設を持ち、科学に基づいた製品設計を得意としています。「こうすればもっと速く走れる」「ケガを予防できる」といったように、ロジカルな開発がアシックスならできると思ったんです。

今の仕事内容について具体的に教えてください。

現在所属するパフォーマンスランニング開発チームでは、レース用からトレーニング用まで、さまざまなマラソン向けシューズの開発を行っています。私はその中でもトップアスリートのためのシューズを作るC-projectのメンバーで、主に「METASPEED」というレーシングシューズを担当しています。

開発の仕事は、材料構成や機能構造の検討から、工場で製造してもらうための仕様書の最終確定まで、複雑なプロセスを要します。C-projectにおいては、アスリートひとりひとりの声や走行実験によるデータも重視するのでさらに複雑です。そうした中でアシックスがこれまでの研究で培ってきた知見や研究者のアドバイス、アスリートからのフィードバックなどから総合的に判断をして、ベストな答えを導き出すことが求められる仕事だと思います。

仕事のやりがいは？

自分が手掛けたシューズとして初めて世に出た、建築家・隈研吾さんとのコラボモデル「METARIDE AMU」が忘れられません。私は大学で建築を学ぶ機会があったので、隈さんの作品をよく知っていたんです。そこで社内デザイナーの案とは別に自分なりのデザイン案も制作したところ、何とそれが構造ベース案として採用されることに。実際に商品が発売されると、オンラインショップでは販売開始から6分で完売。店舗でも長蛇の列ができるほどの話題作となり、その後の自信に繋がる貴重な経験ができました。

頑張る人の頑張る時間が
もっと楽しくなるサービスを

【デジタルアライアンス推進部　兼　スポーツ工学研究所（研究職）／ 2014 年入社】
アシックスを選んだきっかけは？
私は小学校から大学まで陸上競技をやっていたのですが、少しでも速くなるために自分のカラダとその動きについて自分なりに調べながら試行錯誤することに楽しさを覚えていました。そこで将来はこのような研究を成果としてカタチにでき、お客様に喜んでいただけるような仕事に就きたいと考え、自社で研究所を持っているアシックスに応募しました。

今の仕事内容について具体的に教えてください。
私の仕事の軸は「自分の動きを知る・数値化する」ための研究とサービス開発です。具体的には、小さなセンサーで腰や骨盤の動きを測定し、ランニングフォームの特徴や改善点、その日の調子などをアドバイスできる「Runmetrix」という製品の開発に研究段階からコアメンバーとして携わっています。
実験施設にある大がかりな装置を使った人の動きの分析からはじまり、動きの情報をセンサーで簡単に測定しアプリで表示するシステムの開発、またそのシステムをアスリートなどに使ってもらい改良点を抽出する作業など、私が担当した業務内容は様々。製品は 2021 年にリリースし、今はその普及活動や次のアップデートに向けた構想などを検討しているところです。

仕事のやりがいは？
私はゼロから何かを生み出すことが好きなので、アシックスにとって前例のない「Runmetrix」というプロジェクトの参画には、日々やりがいを感じていました。
開発中には、すごくうれしい出来事もありました。製品のリリース前に、試作段階のシステムを陸上の強豪として知られる大学に使っていただくことになり、後日フィードバックを聞きに伺った際に、ある女子選手から「安心して練習に取り組めるようになりました」「自分の良いところを見つけられました」といったコメントを直接いただくことができました。そのとき、大学で試行錯誤しながら陸上をやっていた自分が報われたような気がして。「これって、あの頃の自分を助けてあげたということなのかも」とすごく感慨深い気持ちになりました。

✔ 募集要項

募集職種	■総合職 世界へむけてアシックスの製品・サービスをお届けしていきます。 マーケットリサーチや商品企画・開発・生産・デジタルなど 総合的にアシックスのビジネスに携わっていただくため、研究・デザイン以外すべての部門への配属可能性があります。 国内営業・国内マーケティングの部門に配属の場合はアシックスジャパンでの就業となります。 ■デザイン職 デザイナーとして商品コンセプト作りの根幹となる顧客ニーズのヒアリングからコンセプトに沿ったプロダクトデザイン、プリントのデザイン、カラーの提案等を行います。 ■研究職 アシックスが大切にしているお客様視点による製品・サービスの提案を行うため、自社の研究所にて素材、機能の開発、人間設計を行い、新商品を生み出しています。主に理系の学生にご活躍頂いております。
給与	大学院修士課程修了：235,000円 4年制大学卒：222,000円 高等専門学校卒：210,000円 （2022年度予定）
昇給	年1回（4月）
賞与	年2回（7月，12月）
諸手当	時間外労働手当、通勤交通費、他
勤務時間	9:00～17:40 フレックスタイム制（標準労働時間：7時間40分）
休日・休暇	土日祝 年次有給休暇、特別休暇、慶弔休暇　他会社が指定する日 ※年間休日123日（2022年度予定）

福利厚生	各種社会保険完備、従業員持株制度、社宅・独身寮制度、育児休業・介護休業制度、他
勤務地	■株式会社アシックス 神戸本社、スポーツ工学研究所、 東京オフィス、渋谷オフィス ■アシックスジャパン株式会社 東京本社、関西オフィス及び全国の事業所

✔ 採用の流れ （出典：東洋経済新報社『就職四季報』）

エントリーの時期	【総・技】3月〜3月
採用プロセス	【総・技】ES提出（3月）→説明会（3月）→適正検査（5月）→面接（2〜3回，6月）→内々定（6月）
採用実績数	（下表参照）

		大卒男	大卒女	修士男	修士女
	2022年	9 (文：8 理：1)	9 (文：7 理：2)	5 (文：0 理：5)	1 (文：1 理：0)
	2023年	12 (文：12 理：0)	12 (文：12 理：0)	3 (文：1 理：2)	4 (文：1 理：3)
	2024年	12 (文：11 理：1)	11 (文：11 理：0)	8 (文：0 理：8)	4 (文：1 理：3)

採用実績校	【文系】 （大学院）筑波大学 （大学）慶應義塾大学，関西学院大学，法政大学，同志社大学，立命館大学，関西大学，東京外国語大学，明治大学，関西大学，明治大学，神戸市立外国語大学 【理系】 （大学院）京都大学，神戸大学，筑波大学，東北大学，東京工業大学，関西大学，同志社大学，上智大学 （大学）京都大学，広島大学

✔2023年の重要ニュース （出典：日本経済新聞）

■アシックス、「フットDX」に進化　健康靴や搾乳予測（3/22）

　スポーツ用品大手のアシックスが2022年秋にテスト販売したのが、新たなビジネスシューズ「ランウォーク　オルフェ」だ。靴にセンサーを内蔵しているのが特徴。データを解析することで歩き方だけでなく心の状態まで「見える化」し、今の心身の状態にあったトレーニングを提案するといったサービスを視野に入れる。データビジネスの新たな展開として牛の発情期の検知サービスにも乗り出している。出産につながるタイミングをデジタルの力で効率的にとらえられれば、安定した搾乳量の確保につなげられる。スポーツ用品の世界は欧米の大手企業との競争が激しい。アシックスはシューズ開発で得た知見を生かしながらデジタルトランスフォーメーション（DX）によって新たな事業を育成しようとしている。

■アシックス、英新興に出資　VRでトレーニングのアプリ（6/15）

　アシックスは15日、仮想現実（VR）技術を利用したトレーニングアプリケーションを開発する英国のスタートアップに出資したと発表した。出資額は非公表としている。

　投資子会社のアシックス・ベンチャーズ（神戸市）を通じ、ヴァルキリーインダストリーズに出資した。同社は自宅にいても没入感のあるVR空間でトレーナーと一緒にトレーニングを楽しめるアプリの開発を進めている。専用のアームバンドが筋肉を電気刺激し、ダンベルなどを使っているのと同等の負荷を掛けられるようにする。

　アプリは9月以降順次発売する予定。アシックスは独自のトレーニングコンテンツの提供やトレーナーに製品を着用してもらうことなどに取り組む。アシックスは22年にも映像分析ツールを開発するRUN.EDGE（東京・渋谷）に出資するなど、デジタル技術をスポーツに生かすスタートアップとの協業を増やしている。

■アシックス、温暖化ガス排出最少のスニーカー発売（9/11）

　アシックスは11日、原料の調達から製造、廃棄までに排出する温暖化ガスが世界最少のスニーカーを14日に発売すると発表した。サトウキビを原料にした素材を採用するなどして、製品サイクル全体の二酸化炭素（CO_2）総排出量であ

る「カーボンフットプリント」を 1.95 キログラムと、自社製品の平均の 4 分の 1 に抑えた。アシックスでは 9 月時点で排出量を開示している市販シューズでは最も環境負荷が小さいとみている。価格は 1 万 9800 円。環境意識の高い消費者に売り込み、年内に 5000 足の販売を目指す。

　新開発の「GEL-LYTE Ⅲ CM 1.95」は 14 日から自社のオンラインストアで発売し、22 日から国内外の一部直営店で販売する。

■アシックス、ラグビー靴売り上げ 5 割増　W 杯が追い風 （10/16）

　アシックスがラグビー関連商品の売り上げを伸ばしている。ワールドカップ（W 杯）フランス大会で日本代表は 2 大会連続の 8 強に届かなかったが、世界的な注目を追い風に、9 月のシューズやスパイクなどの靴製品の売上高は前年同月比 5 割増となった。

　アシックスは日本を含むアジア、オーストラリアを中心にラグビー製品を販売している。限定カラーのシューズは、見る角度や光の当たり方で印象が変わるマジョーラカラーで、ピッチ上で映える色を選んだ。前線やバックスなどポジション別の 4 種類で展開し、スポンジを挿入して前脚部よりもかかと部を 10 ミリメートル高めて膝や足への負荷を減らす仕様にした。

　豪州代表「ワラビーズ」にはユニホームを提供しており、前回大会以来 4 年ぶりに大幅刷新した。1 〜 8 月のワラビーズ関連のアパレルや雑貨の累計販売実績は豪州で前年同期比で約 6 割増と大きく伸びた。

　岩田洋マネージャーは「知見と技術を盛り込んだ機能性の高い商品を開発し、ラグビーを通じて企業価値の向上にも寄与していきたい」と意気込む。

　ミズノも W 杯では、同社調べでスパイクが日本代表の具智元選手をはじめ約 150 人の選手に着用された。「カンタベリー」のブランドで日本代表にユニホームを提供するゴールドウインの直営店や電子商取引（EC）サイトでは、レプリカユニホームの売れ行きが順調。担当者は「（日本で行われた）19 年大会ほどではないが、15 年大会とは比べられないくらい。ラグビー熱の盛り上がりを感じる」という。

■アシックス22年12月期、純利益44%増 ランニング人気で（2/10）

　アシックスは10日、2022年12月期の連結決算で純利益が前期比44%増の135億円になりそうだと発表した。新型コロナウイルス禍でランニング人気が高まるなか、高機能シューズが欧米や中華圏を中心に伸びる。

　売上高は4%増の4200億円になる見通し。感染拡大を受け、一時稼働を停止していたベトナムの工場で生産が回復し、前期からの反動増を見込む。

　同日発表した21年12月期の連結決算は、売上高が前の期比23%増の4040億円、最終損益が94億円の黒字（前の期は161億円の赤字）だった。

■アシックス純利益17%減　1~3月、シューズ落ち込む（5/11）

　アシックスが11日発表した2022年1~3月期の連結決算は、純利益が前年同期比17%減の87億円だった。新型コロナウイルスの感染拡大の影響でベトナムの工場が停止したため、一般ランナー向けのランニングシューズや陸上競技やテニスなどの競技用シューズの生産が十分にできないことが響いた。人件費も増えて販管費がかさみ、利益率が悪化した。

　売上高は1%減の1053億円だった。北米地域では海上輸送の遅れが1月から改善され、商品を供給できる体制が整ったため、12%増の211億円と好調だったが、全体では生産混乱の影響が残った。

　22年12月期の業績予想は据え置いた。売上高は前期比4%増の4200億円、純利益は44%増の135億円を見込む。

■アシックス、温暖化ガス世界最少のスニーカー開発（9/16）

　アシックスは15日、温暖化ガス排出量が世界で最も少ないスニーカーを開発したと発表した。製造過程から輸送や廃棄も含めた製品サイクル全体を通じての排出量で1.95キログラム（二酸化炭素換算）を実現した。同社の調べで従来排出量が最少のスニーカーは4.3キログラムだった。2023年の製品化を目指す。

　新たに開発したスニーカーは「GEL-LYTE Ⅲ CM 1.95」。サトウキビ由来の素材の採用や生産工場での再生可能エネルギー使用などにより材料調達・製造の過程で同社の従来品に比べ約8割排出量を削減した。アッパー部分や靴ひもなどには環境負荷の低い方法で染色したリサイクルポリエステルも多く使用する。

12 年に米マサチューセッツ工科大学との共同研究で製品サイクル全体を通じた温暖化ガス排出量の計算方法を確立。製品サイクルを「材料調達・製造」「輸送」「使用」「廃棄」の 4 つの段階に分け、排出削減策を洗い出した。

アシックスの広田康人社長は発表会で「さらなる削減も狙っていきたい。（スニーカー以外の）他のシューズへの技術展開も考えている」と話した。植物由来の素材の使用などにより生産コストは高くなるものの、製品化の際の価格については「150 ドル程度の価格を予定したい」とした。

アシックスは 50 年までに温暖化ガス排出量を実質ゼロにする目標を掲げている。

■アシックスの 22 年 12 月期、純利益 2 倍に上方修正（11/12）

アシックスは 11 日、2022 年 12 月期の連結純利益が前期比 2.2 倍の 210 億円になる見通しだと発表した。従来予想から 30 億円上方修正する。新型コロナウイルス禍で「密」にならないランニングのシューズが国内外で好調。電子商取引（EC）などの直接販売比率が高まり、採算も改善する。

売上高は 19% 増の 4800 億円となる見通し。過去最高としていた従来予想を 200 億円上回る。円安を受け想定為替レートを 1 ドル＝125 円から 132 円に変更した。

同日発表した 22 年 1 〜 9 月期の連結決算は、純利益が前年同期比 22% 増の 232 億円、売上高が 13% 増の 3630 億円だった。

✔2021年の重要ニュース （出典：日本経済新聞）

■アシックス、シューズにリサイクル素材　新商品の９割に（1/13）

　アシックスは2021年に発売するランニングシューズの新商品の９割以上にリサイクル素材を採用する。足の甲（アッパー）部分を石油由来の素材からペットボトルを再生したポリエステル繊維に置き換える。消費者の環境意識の高まりに対応する。

　21年は約50種類の新商品を発売する予定だ。リサイクル素材の採用で製造コストは上がるが、販売価格への転嫁は最小限に抑える。

　強度や軽さは従来の商品と変わらない。アシックスは環境意識の高い10代が増えているとみており、「主要顧客である20〜40歳代となる時に備えて今から準備しておく」という。

　環境に配慮したシューズはスポーツ用品大手で広がっている。米ナイキは20年夏、工場から出た廃材などをソールやアッパーに使ったスニーカーを発売した。独アディダスは17年から海洋環境保護団体と協力し、海洋プラごみなどを利用したスニーカーを販売している。

■アシックス、センサーで従業員の移動履歴　実用化へ実験（1/28）

　アシックスは28日、施設や工場で働く従業員の移動履歴などを分析し、労働状況を可視化するシステムを開発したと発表した。施設内に配置した検知器と連動するセンサーを従業員に身につけてもらい、位置情報を収集する。働き方改革に取り組む企業が増えるなか、業務効率化に向けた課題の抽出に生かしてもらう。

　重さ約5グラムの小型センサーを足首や靴につけてもらい、従業員の施設への入退室時刻や滞在時間、移動データを把握する。システムの性能向上に向け、共同開発した神戸デジタル・ラボ（神戸市）とともに日本ロジテムの物流倉庫で1月中旬から実証実験を実施している。今後実用化し、工場や物流倉庫向けに外販する方針だ。

■アシックス、女性ブランド「UNOHA」の発表会（3/9）

　アシックスは9日、女性ファッションブランド「UNOHA（ウノハ）」の発表会を東京・渋谷で開催した。ウエアやスニーカーなどを展開し、外出時や在宅時

など幅広い生活シーンを支える。製品の6割でオーガニックコットン糸などサステナブルな素材を使い、消費者の環境意識の高まりにも対応する。アシックスが女性ファッションブランドを手掛けるのは初めて。発売5年目に50億円の売り上げを目指す。

「ウノハ」はちょっとした外出にも適したデザインの部屋着「ワンマイルウエア」や吸汗速乾の運動にも使えるウエアなどをそろえた。スニーカーはかかとと中足部に衝撃緩衝材を使い、軽やかな履き心地を追求した。広田康人社長は「気軽に身にまとってスポーツも普段の生活も楽しんでいただける、生活に寄り添ったブランドに育てたい」と話した。5日からEC（電子商取引）サイトや渋谷に設ける期間限定のポップアップショップで販売を始めている。

■アシックス、今期純利益40億円　シューズ好調で上方修正（11/5）

アシックスは5日、2021年12月期の連結最終損益が40億円の黒字（前期は161億円の赤字）になりそうだと発表した。従来予想は25億円の黒字だった。新型コロナウイルス禍でランニング人気が高まり、欧米や日本で厚底シューズなど利益率の高い製品が伸びるため。

売上高は前期比20％増の3950億円と従来予想を据え置いた。高価格帯のブランド「オニツカタイガー」も中華圏などで好調だ。コロナ禍で主力であるベトナムの一部工場で生産調整をしており、年末商戦に影響する見通し。営業損益は200億円の黒字（前年同期は39億円の赤字）を見込む。従来予想は145億円だった。

同日発表した21年1〜9月期の連結決算は、売上高が前年同期比30％増の3222億円、最終損益が190億円の黒字（前年同期は34億円の赤字）だった。

✔ 就活生情報

> 研究職であれば，普段から広い視点を持った研究へ
> の取り組みや，考え方などをアピールして下さい

研究開発職 2018卒

エントリーシート

・形式：採用ホームページから記入
・内容：志望動機，やりたいこと

セミナー

・記載無し

筆記試験

・科目：SPI（数学，算数／性格テスト／一般教養・知識）

面接（個人・集団）

・雰囲気：普通
・回数：2回

内定

・拘束や指示：特になし
・通知方法：電話
・タイミング：予定より早い

単にスポーツが好きという気持ちだけではなく，自分が入社後にどのようなことができるのか，はっきりと伝えてください

ビジネス総合職 2017卒

エントリーシート

・形式：採用ホームページから記入
・内容：達成した目標，長所，短所，入社後のビジョンなど

セミナー

・筆記や面接などが同時に実施される，選考と関係のあるものだった
・服装：リクルートスーツ

筆記試験

・形式：Webテスト
・科目：SPI（英語／数学，算数／国語，漢字／性格テスト）

面接（個人・集団）

・雰囲気：和やか
・回数：3回

内定

・通知方法：電話

● その他受験者からのアドバイス

・人柄やポテンシャルを重視した選考みたいだった

総合職 2014卒

エントリーシート

・形式：採用ホームページから記入
・内容：「アシックスの課題」「自身の専攻分野の説明」など

セミナー

・選考とは無関係
・服装：リクルートスーツ
・内容：企業紹介，仕事紹介，社員との座談会

筆記試験

・形式：Webテスト
・科目：数学，算数／国語，漢字／性格テスト

面接（個人・集団）

・雰囲気：和やか
・回数：3回

内定

・通知方法：電話

今までの人生で何を行い，何を考え，何を学んだかを振り返り，それらを仕事にどう生かしていけるのかを伝えてください

営業 スタッフ マーケティング 2011卒

エントリーシート

・形式：採用ホームページから記入
・内容：「学生時代の成功談，または失敗談とその経験から得られたもの」「今の大学に入学した理由とそれをアシックスにどう活かせるか」「アシックスの課題とあなたはそれにどう対応するか」「アシックスのキャッチコピー」

セミナー

・選考とは無関係　服装：リクルートスーツ
・内容：業種によって違う。営業系の場合，スポーツ業界の勉強，グループワーク，先輩社員との質問会など。すぐに日程が決まるので，メールを欠かさずチェックするほうがよい

筆記試験

・形式：Webテスト
・科目：SPI（数学，算数／国語，漢字／性格テスト）

面接（個人・集団）

・雰囲気：和やか　回数：3回
・質問内容：一次，二次は学生4：面接官3のグループ面接で，「自分が誇れる姿」をA4サイズの紙に書いて提出。二次では「思い入れのあるもの」について3分間プレゼン。最終はグループ面接で，アシックスがなぜ好きか，知っている限りの商品名など

内定

・通知方法：最終面接当日にマイページにて内々定の連絡

● その他受験者からのアドバイス

・希望職種に対して，希望理由，その業種で働くとはどういうことか，その業種で大切な事は何なのかを考えておくといいと思います
・面接が始まる前に，就職活動の仲間たちと積極的に情報交換をすることをお勧めします

✔ 有価証券報告書の読み方

01 部分的に読み解くことからスタートしよう

　「有価証券報告書（以下，有報）」という名前を聞いたことがある人も少なくはないだろう。しかし，実際に中身を見たことがある人は決して多くはないのではないだろうか。有報とは上場企業が年に1度作成する，企業内容に関する開示資料のことをいう。開示項目には決算情報や事業内容について，従業員の状況等について記載されており，誰でも自由に見ることができる。

　一般的に有報は，証券会社や銀行の職員，または投資家などがこれを読み込み，その後の戦略を立てるのに活用しているイメージだろう。その認識は間違いではないが，だからといって就活に役に立たないというわけではない。就活を有利に進める上で，お得な情報がふんだんに含まれているのだ。ではどの部分が役に立つのか，実際に解説していく。

■有価証券報告書の開示内容
　では実際に，有報の開示内容を見てみよう。

有価証券報告書の開示内容
第一部【企業情報】
第1　【企業の概況】
第2　【事業の状況】
第3　【設備の状況】
第4　【提出会社の状況】
第5　【経理の状況】
第6　【提出会社の株式事務の概要】
第7　【提出会社の状参考情報】
第二部【提出会社の保証会社等の情報】
第1　【保証会社情報】
第2　【保証会社以外の会社の情報】
第3　【指数等の情報】

有報は記載項目が統一されているため，どの会社に関しても同じ内容で書かれている。このうち就活において必要な情報が記載されているのは，第一部の第1【企業の概況】〜第5【経理の状況】まで，それ以降は無視してしまってかまわない。

02 企業の概況の注目ポイント

第1【企業の概況】には役立つ情報が満載。そんな中，最初に注目したいのが，冒頭に記載されている【主要な経営指標等の推移】の表だ。

回次		第25期	第26期	第27期	第28期	第29期
決算年月		平成24年3月	平成25年3月	平成26年3月	平成27年3月	平成28年3月
営業収益	(百万円)	2,532,173	2,671,822	2,702,916	2,756,165	2,867,199
経常利益	(百万円)	272,182	317,487	332,518	361,977	428,902
親会社株主に帰属する 当期純利益	(百万円)	108,737	175,384	199,939	180,397	245,309
包括利益	(百万円)	109,304	197,739	214,632	229,292	217,419
純資産額	(百万円)	1,890,633	2,048,192	2,199,357	2,304,976	2,462,537
総資産額	(百万円)	7,060,409	7,223,204	7,428,303	7,605,690	7,789,762
1株当たり純資産額	(円)	4,738.51	5,135.76	5,529.40	5,818.19	6,232.40
1株当たり当期純利益	(円)	274.89	443.70	506.77	458.95	625.82
潜在株式調整後 1株当たり当期純利益	(円)	—	—	—	—	—
自己資本比率	(%)	26.5	28.1	29.4	30.1	31.4
自己資本利益率	(%)	5.9	9.0	9.5	8.1	10.4
株価収益率	(倍)	19.0	17.4	15.0	21.0	15.5
営業活動による キャッシュ・フロー	(百万円)	558,650	588,529	562,763	622,762	673,109
投資活動による キャッシュ・フロー	(百万円)	△370,684	△465,951	△474,697	△476,844	△499,575
財務活動による キャッシュ・フロー	(百万円)	△152,428	△101,151	△91,367	△86,636	△110,265
現金及び現金同等物 の期末残高	(百万円)	167,525	189,262	186,057	245,170	307,809
従業員数 [ほか，臨時従業員数]	(人)	71,729 [27,746]	73,017 [27,312]	73,551 [27,736]	73,329 [27,313]	73,053 [26,147]

見慣れない単語が続くが，そう難しく考える必要はない。特に注意してほしいのが，**営業収益**，**経常利益**の二つ。営業収益とはいわゆる**総売上額**のことであり，これが企業の本業を指す。その営業収益から営業費用（営業費（販売費＋一般管理費）＋売上原価）を差し引いたものが**営業利益**となる。会社の業種はなんであれ，モノを顧客に販売した合計値が営業収益であり，その営業収益から人件費や家賃，広告宣伝費などを差し引いたものが営業利益と覚えておこう。対して経常利益は営業利益から本業以外の損益を差し引いたもの。いわゆる金利による収益や不動産収入などがこれにあたり，本業以外でその会社がどの程度の力をもっているかをはかる絶好の指標となる。

■会社のアウトラインを知れる情報が続く。

　この主要な経営指標の推移の表につづいて，「会社の沿革」，「事業の内容」，「関係会社の状況」「従業員の状況」などが記載されている。自分が試験を受ける企業のことを，より深く知っておくにこしたことはない。会社がどのように発展してきたのか，主としている事業はどのようなものがあるのか，従業員数や平均年齢はどれくらいなのか，志望動機などを作成する際に役立ててほしい。

03 事業の状況の注目ポイント

　第2となる【事業の状況】において，最重要となるのは**業績等の概要**といえる。ここでは1年間における収益の増減の理由が文章で記載されている。「○○という商品が好調に推移したため，売上高は△△になりました」といった情報が，比較的易しい文章で書かれている。もちろん，損失が出た場合に関しても包み隠さず記載してあるので，その会社の1年間の動向を知るための格好の資料となる。

　また，業績については各事業ごとに細かく別れて記載してある。例えば鉄道会社ならば，①運輸業，②駅スペース活用事業，③ショッピング・オフィス事業，④その他といった具合だ。**どのサービス・商品がどの程度の売上を出したのか**，会社の持つ展望として，今後**どの事業をより活性化**していくつもりなのか，などを意識しながら読み進めるとよいだろう。

■「対処すべき課題」と「事業等のリスク」

　業績等の概要と同様に重要となるのが，「**対処すべき課題**」と「**事業等のリスク**」の2項目といえる。ここで読み解きたいのは，その会社の**今後の伸びしろ**について。いま，会社はどのような状況にあって，どのような課題を抱えているのか。また，その課題に対して取られている対策の具体的な内容などから経営方針などを読み解くことができる。リスクに関しては法改正や安全面，他の企業の参入状況など，会社にとって決してプラスとは言えない情報もつつみ隠さず記載してある。客観的にその会社を再評価する意味でも，ぜひ目を通していただきたい。

　次代を担う就活生にとって，ここの情報はアピールポイントとして組み立てやすい。「新事業の○○の発展に際して……」，「御社が抱える●●というリスクに対して……」などという発言を面接時にできれば，面接官の心証も変わってくるはずだ。

　最後に注目したいのが，第5【経理の状況】だ。ここでは，簡単にいえば【主要な経営指標等の推移】の表をより細分化した表が多く記載されている。ここの情報をすべて理解するのは，簿記の知識がないと難しい。しかし，そういった知識があまりなくても，読み解ける情報は数多くある。例えば**損益計算書**などがそれに当たる。

連結損益計算書

(単位：百万円)

	前連結会計年度 (自 平成26年4月1日 至 平成27年3月31日)	当連結会計年度 (自 平成27年4月1日 至 平成28年3月31日)
営業収益	2,756,165	2,867,199
営業費		
運輸業等営業費及び売上原価	1,806,181	1,841,025
販売費及び一般管理費	※1 522,462	※1 538,352
営業費合計	2,328,643	2,379,378
営業利益	427,521	487,821
営業外収益		
受取利息	152	214
受取配当金	3,602	3,703
物品売却益	1,438	998
受取保険金及び配当金	8,203	10,067
持分法による投資利益	3,134	2,565
雑収入	4,326	4,067
営業外収益合計	20,858	21,616
営業外費用		
支払利息	81,961	76,332
物品売却損	350	294
雑支出	4,090	3,908
営業外費用合計	86,403	80,535
経常利益	361,977	428,902
特別利益		
固定資産売却益	※4 1,211	※4 838
工事負担金等受入額	※5 59,205	※5 24,487
投資有価証券売却益	1,269	4,473
その他	5,016	6,921
特別利益合計	66,703	36,721
特別損失		
固定資産売却損	※6 2,088	※6 1,102
固定資産除却損	※7 3,957	※7 5,105
工事負担金等圧縮額	54,253	18,346
減損損失	※9 12,738	※9 12,297
耐震補強重点対策関連費用	8,906	10,288
災害損失引当金繰入額	1,306	25,085
その他	30,128	8,537
特別損失合計	113,379	80,763
税金等調整前当期純利益	315,300	384,860
法人税、住民税及び事業税	107,540	128,972
法人税等調整額	26,202	9,326
法人税等合計	133,742	138,298
当期純利益	181,558	246,561
非支配株主に帰属する当期純利益	1,160	1,251
親会社株主に帰属する当期純利益	180,397	245,309

　主要な経営指標等の推移で記載されていた**経常利益**の算出する上で必要な営業外収益などについて，詳細に記載されているので，一度目を通しておこう。

　いよいよ次ページからは実際の有報が記載されている。ここで得た情報をもとに有報を確実に読み解き，就職活動を有利に進めよう。

✔ 有価証券報告書

■ 企業の概況

1 主要な経営指標等の推移

（1） 連結経営指標等 ···

回次		第65期	第66期	第67期	第68期	第69期
決算年月		2018年12月	2019年12月	2020年12月	2021年12月	2022年12月
売上高	（百万円）	386,662	378,050	328,784	404,082	484,601
経常利益又は経常損失（△）	（百万円）	8,763	10,101	△6,923	22,166	30,913
親会社株主に帰属する当期純利益又は親会社株主に帰属する当期純損失（△）	（百万円）	△20,327	7,097	△16,126	9,402	19,887
包括利益	（百万円）	△25,918	3,654	△22,648	26,033	33,225
純資産額	（百万円）	166,829	152,323	126,763	146,537	172,729
総資産額	（百万円）	304,460	316,115	333,180	345,773	425,067
1株当たり純資産額	（円）	873.43	830.40	689.57	798.08	931.45
1株当たり当期純利益又は1株当たり当期純損失（△）	（円）	△107.59	37.91	△88.17	51.38	108.60
潜在株式調整後1株当たり当期純利益	（円）	－	37.47	－	51.33	108.51
自己資本比率	（％）	54.1	48.0	37.9	42.2	40.1
自己資本利益率	（％）	△11.2	4.5	△11.6	6.9	12.6
株価収益率	（倍）	－	47.9	－	49.6	26.8
営業活動によるキャッシュ・フロー	（百万円）	11,049	14,792	19,330	49,146	△21,427
投資活動によるキャッシュ・フロー	（百万円）	△5,467	△12,185	△9,634	△10,167	△14,481
財務活動によるキャッシュ・フロー	（百万円）	△13,753	△29,471	31,336	△25,968	2,314
現金及び現金同等物の期末残高	（百万円）	65,877	37,985	80,474	95,275	65,804
従業員数[外、平均臨時雇用者数]	（人）	8,823 [1,904]	9,039 [1,814]	8,904 [1,779]	8,861 [1,570]	8,886 [1,514]

（注） 1. 第65期および第67期の潜在株式調整後1株当たり当期純利益については，潜在株式は存在するものの1株当たり当期純損失であるため記載しておりません。

2. 「収益認識に関する会計基準」（企業会計基準第29号 2020年3月31日）等を当連結会計年度の期首から適用しており，当連結会計年度に係る主要な経営指標等については，当該会計基準等を適用し

---

point 🏷 **主要な経営指標等の推移**

数年分の経営指標の推移がコンパクトにまとめられている。見るべき箇所は連結の売上，利益，株主資本比率の3つ。売上と利益は順調に右肩上がりに伸びているか，逆に利益で赤字が続いていたりしないかをチェックする。株主資本比率が高いとリーマンショックなど景気が悪化したときなどでも経営が傾かないという安心感がある。

た後の指標等となっております。

（2）提出会社の経営指標等 ·······························

回次		第65期	第66期	第67期	第68期	第69期
決算年月		2018年12月	2019年12月	2020年12月	2021年12月	2022年12月
営業収益	（百万円）	24,233	24,605	23,300	27,275	31,564
経常利益	（百万円）	4,215	2,673	2,455	6,271	18,140
当期純利益又は当期純損失（△）	（百万円）	△2,759	6,123	938	7,020	6,914
資本金	（百万円）	23,972	23,972	23,972	23,972	23,972
発行済株式総数	（千株）	199,870	189,870	189,870	189,870	189,870
純資産額	（百万円）	52,331	43,829	41,201	42,408	45,489
総資産額	（百万円）	121,049	111,362	155,917	153,066	164,932
1株当たり純資産額	（円）	275.02	237.31	222.92	229.98	246.73
1株当たり配当額	（円）	24.00	30.00	24.00	24.00	40.00
（内1株当たり中間配当額）		(12.00)	(12.00)	(—)	(12.00)	(16.00)
1株当たり当期純利益又は1株当たり当期純損失（△）	（円）	△14.61	32.71	5.13	38.36	37.76
潜在株式調整後1株当たり当期純利益	（円）	—	32.33	5.13	38.32	37.73
自己資本比率	（%）	42.9	38.9	26.2	27.5	27.4
自己資本利益率	（%）	△4.7	12.9	2.2	16.9	15.8
株価収益率	（倍）	—	55.5	386.0	66.5	77.2
配当性向	（%）	—	91.7	467.8	62.6	105.9
従業員数	（人）	932	905	998	972	982
［外、平均臨時雇用者数］		[72]	[62]	[68]	[64]	[63]
株主総利回り	（%）	79.6	104.1	114.6	147.7	170.2
（比較指標：配当込みTOPIX）	（%）	(84.0)	(99.2)	(106.6)	(120.2)	(117.2)
最高株価	（円）	2,122	1,919	2,224	3,130	3,145
最低株価	（円）	1,300	1,118	706	1,635	1,815

（注）1. 第66期の1株当たり配当額には，創立70周年記念配当6円を含んでおります。

2. 第65期の潜在株式調整後1株当たり当期純利益については，潜在株式は存在するものの1株当たり当期純損失であるため記載しておりません。

3. 最高株価および最低株価は，2022年4月4日より東京証券取引所（プライム市場）におけるものであり，それ以前は東京証券取引所（市場第一部）におけるものであります。

4. 「収益認識に関する会計基準」（企業会計基準第29号 2020年3月31日）等を当事業年度の期首から適用しており，当事業年度に係る主要な経営指標等については，当該会計基準等を適用した後の指標等となっております。

---

point **沿革**

どのように創業したかという経緯から現在までの会社の歴史を年表で知ることができる。過去に行った重要なM&Aなどがいつ行われたのか，ブランド名はいつから使われているのか，いつ頃から海外進出を始めたのか，など確認することができて便利だ。

2 沿革

　当社は，1949年9月1日に鬼塚株式会社として設立いたしましたが，1958年7月5日に生産子会社のオニツカ株式会社を形式上の存続会社として，これに販売子会社の東京鬼塚株式会社とともに合併されました。その後オニツカ株式会社は，株式の額面金額を500円から50円に変更するため，1963年6月1日に当時休業中の中央産業株式会社（1943年5月27日設立，1963年6月1日オニツカ株式会社に商号変更）を存続会社としてこれに合併されました。さらに，商号変更後のオニツカ株式会社は，1977年7月21日を合併期日として，商号を株式会社アシックスに変更し，スポーツウエア・用具メーカーの株式会社ジィティオおよびスポーツウエアメーカーのジェレンク株式会社と合併し，一躍総合スポーツ用品メーカーとなり現在に至っております。

1949年3月	・鬼塚商会発足
1949年9月	・鬼塚商会を改組し，鬼塚株式会社（神戸市）を設立 ・スポーツシューズ専門メーカーを目ざしてバスケットボールシューズほかスポーツシューズの開発・生産・販売開始
1953年5月	・自家工場タイガーゴム工業所（神戸市）を開所
1955年8月	・関東・東北地区の販売拠点として東京鬼塚株式会社（東京都）を設立
1957年6月	・生産部門としてタイガーゴム工業所を改組し，オニツカ株式会社を設立
1958年7月	・鬼塚株式会社，東京鬼塚株式会社をオニツカ株式会社に吸収合併，生産・販売を一体化し，東京鬼塚株式会社本社を東京支店と改称
1963年6月	・額面変更のため，中央産業株式会社（1943年5月27日設立）へ，オニツカ株式会社を吸収合併，直ちに商号をオニツカ株式会社に変更
1964年2月	・神戸証券取引所に上場
1964年4月	・大阪証券取引所市場第二部に上場
1969年4月	・スポーツシューズの生産工場として，鳥取オニツカ株式会社（のちに商号を山陰アシックス工業株式会社に変更）を設立
1972年5月	・東京証券取引所市場第二部に上場
1974年6月	・東京・大阪証券取引所市場第一部に指定
1975年8月	・欧州市場開拓のためオニツカタイガー有限会社（のちに商号をアシックスドイチュラントGmbHに変更）を設立

1977年7月	・商号を株式会社アシックスに変更し，株式会社ジィティオおよびジェレンク株式会社と合併により，縫製7工場（福井，武生，若狭（のちに資本関係消滅），山口（のちに清算），北九州，大牟田，宮崎）およびジェレンクU.S.A.,Inc.（のちに商号をアシックススポーツオブアメリカINC.に変更）などを引継ぐ
1980年10月	・スポーツシューズの生産工場として，鳥取アシックス工業株式会社（のちに商号を山陰アシックス工業株式会社に変更し，山陰アシックス工業株式会社（消滅会社）および島根アシックス工業株式会社（消滅会社）と合併）を設立
1981年7月	・アシックススポーツオブアメリカINC.を廃し，米国市場開拓の新拠点としてアシックスタイガーコーポレーション（のちに商号をアシックスアメリカコーポレーションに変更）を設立
1982年8月	・物流コストの合理化をはかるため，アシックス物流株式会社を設立
1985年7月	・神戸ポートアイランド（神戸市）に新本社社屋建設，本店を移転
1985年11月	・科学的基礎研究体制強化のため，スポーツ工学研究所を設置
1986年7月	・オーストラリア市場開拓のため，アシックスタイガーオセアニアPTY.LTD.（のちに商号をアシックスオセアニアPTY.LTD.に変更）を設立
1990年3月	・欧州における販売強化のため，アシックスフランスS.A.（のちに組織変更しアシックスフランスS.A.S）を設立
1990年4月	・研究開発・人材育成の新たな拠点として，アシックススポーツ工学研究所・人財開発センター（神戸市・のちにアシックスR＆Dセンターに改称）竣工
1991年5月	・欧州における販売強化のため，オランダにアシックスベネルクスB.V.を設立
1991年6月	・欧州における販売強化のため，アシックスイタリアS.p.A.を設立
1992年3月	・欧州における販売強化のため，英国にアシックスUKリミテッドを設立
1994年9月	・スポーツシューズおよびスポーツウエアの生産工場として，中華人民共和国に江蘇愛世克私有限公司を設立（のちにスポーツシューズの製造を協力工場に移管）
1994年12月	・欧州における販売体制強化のため，欧州の統括会社としてオランダにアシックスヨーロッパB.V.を設立
1997年7月	・北海道地区・中部地区における販売体制合理化のため，同地区における販売業務をそれぞれアシックス北海道販売株式会社（旧商号　株式会社アジア）・アシックス中部販売株式会社（旧商号　ワタモリ株式会社）に集約
1998年10月	・生産体制合理化のため，宮崎アシックス工業株式会社を存続会社として，北九州アシックス工業株式会社，大牟田アシックス工業株式会社を合併，商号をアシックスアパレル工業株式会社に変更
2000年12月	・アシックスR＆Dセンター（のちにアシックススポーツ工学研究所に改称）で環境マネジメントシステムの国際標準規格「ISO14001」の認証を取得
2001年10月	・ウォーキング事業における意思決定の迅速化と小売業のノウハウの蓄積をはかるため，アシックス歩人館株式会社を設立

2002年3月	・本社で環境マネジメントシステムの国際標準規格「ISO14001」の認証を取得
2002年7月	・東北地区における販売体制合理化のため，アシックス東北販売株式会社を設立
2002年10月	・スクールスポーツウエア事業の効率的な運営を図るため，アシックスデポルテ株式会社を合併
2003年4月	・欧州における販売体制強化のため，アシックスヨーロッパB.V.を存続会社として，アシックスベネルクスB.V.を合併
2005年4月	・生産体制合理化のため，福井アシックス工業株式会社を存続会社として，武生アシックス工業株式会社を合併
2005年12月	・台湾における販売体制強化のため，台湾亞瑟士運動用品股份有限公司（のちに商号を台湾亞瑟士股份有限公司に変更）を設立
2006年1月	・九州地区における販売体制強化のため，アシックス九州販売株式会社を設立し，九州地区における販売業務を集約
2006年2月	・中国における販売体制強化のため，愛世克私（上海）商貿有限公司（のちに商号を亞瑟士（中国）商貿有限公司に変更）を設立
2006年4月	・国内における販売体制強化のため，アシックス歩人館株式会社を存続会社として，株式会社アシックススポーツビーイングを合併し，商号を株式会社アシックススポーツビーイング（のちに清算）に変更
2007年3月	・兵庫県尼崎市に関西支社社屋建設，大阪支社を移転し関西支社に改称するとともに，同日付で東京支社を関東支社に改称
2007年9月	・経営資源の効率化・役割の棲み分けによる商品力の強化，生産性の向上などを目的として持分法適用関連会社であったアシックス商事株式会社およびその子会社を連結子会社化
2007年11月	・北関東・中四国地区における販売体制の強化・合理化のためアシックス関越販売株式会社，アシックス中四国販売株式会社を設立
2007年11月	・韓国における販売の強化・拡大のため，アシックススポーツコーポレーション（のちに商号をアシックスコリアコーポレーションに変更）を設立
2007年11月	・東欧における販売体制強化のため，ポーランドにアシックスポルスカSp.zo.o.を設立
2009年4月	・オニツカタイガーブランドの商品企画強化のため，株式会社OTプランニング（のちに清算）を設立
2009年7月	・当社の企業博物館であるアシックススポーツミュージアムを開館
2009年8月	・北欧における販売体制強化のため，アシックススカンジナビアAS（のちに商号をアシックスノルウェーASに変更）およびその子会社を連結子会社化
2010年4月	・関東支社を東京支社に改称
2010年8月	・グローバル規模でのアウトドア事業の強化拡大のため，スウェーデンに本社を置くホグロフスホールディングABおよびその子会社を連結子会社化

2010年8月	・北米地域における販売体制強化のため，現地代理店であるAgence Québec Plus Ltée（のちに商号をアシックスカナダコーポレーションに変更）を連結子会社化
2011年4月	・スポーツアパレル等の事業の開発・生産管理体制の強化のため，香港に「亞瑟士香港服装有限公司」を設立
2012年1月	・東京都中央区に東京支社を移転
2012年5月	・南アジアにおける販売体制強化のため，インドにアシックスインディアPRIVATE LIMITEDを設立
2012年5月	・東南アジアにおける販売体制強化のため，シンガポールにアシックスアジアPTE.LTD.を設立
2012年9月	・国内におけるマーケティング・販売機能の強化・拡大のため，アシックスジャパン株式会社を設立
2013年1月	・グローバル市場の動向を見据えた経営管理と競争力の源泉である商品開発力の強化のため，世界本社機能と日本事業を分離，日本事業については，アシックスジャパン株式会社およびアシックススポーツ販売株式会社に吸収分割，アシックススポーツ販売株式会社を存続会社として，アシックス北海道販売株式会社，アシックス東北販売株式会社，アシックス関越販売株式会社，アシックス中部販売株式会社，アシックス中四国販売株式会社およびアシックス九州販売株式会社を合併するとともに，商号をアシックス販売株式会社に変更，当社の東京支社および関西支社を廃止
2013年7月	・メキシコにおける販売体制強化のため，アシックススポーツメキシコS.A.de C.V.を設立
2014年1月	・南アフリカにおける販売体制強化のため，アシックスサウスアフリカ（PTY）LTDを設立
2014年3月	・経営資源の集中，商品イノベーション，管理，マーケティング等の協業等を通じての成長速度の加速，競争基盤の拡充を目的として，公開買付けおよび株式交換により，アシックス商事株式会社およびその子会社を完全子会社化
2014年10月	・国内アパレル生産体制の合理化のため，福井アシックス工業株式会社を存続会社として，アシックスアパレル工業株式会社を合併し，商号をアシックスアパレル工業株式会社に変更
2015年10月	・国内物流業務の合理化のため，アシックス物流株式会社の全株式を丸紅ロジスティクス株式会社に譲渡
2015年11月	・ホグロフスグループの経営合理化のため，ホグロフススカンジナビアABが，ホグロフスホールディングABを吸収合併し，商号をホグロフスABに変更
2015年12月	・中東地域における販売体制強化のため，アシックスミドルイーストホールディングB.V.を設立
2016年1月	・国内事業の構造改革のため，アシックスジャパン株式会社が，アシックス販売株式会社およびホグロフスジャパン株式会社を吸収合併

（point） **事業の内容**

　　会社の事業がどのようにセグメント分けされているか，そして各セグメントではどのようなビジネスを行っているかなどの説明がある。また最後に事業の系統図が載せてあり，本社，取引先，国内外子会社の製品・サービスや部品の流れが分かる。ただセグメントが多いコングロマリットをすぐに理解するのは簡単ではない。

2016年1月	・国内アパレル生産体制の合理化のため，アシックスアパレル工業株式会社が，大牟田工場の全事業を会社分割によって新設会社である帝人フロンティアアパレル工業株式会社に承継
2016年3月	・デジタルマーケティング技術によるDTC（Direct to Consumer）戦略の強化のため，アメリカに本社を置くフィットネスキーパー，Inc.（のちに商号をアシックスデジタルInc.に変更）の全株式を取得し，連結子会社化
2016年4月	・東南アジアにおける販売体制強化のため，アシックス（タイランド）COMPANY LIMITEDを設立
2016年5月	・中東地域における販売体制強化のため，アシックスミドルイーストトレーディングLLCを設立
2016年10月	・南米地域における販売体制強化のため，アシックスチリSpAを設立
2016年11月	・南米地域における販売体制強化のため，アシックスペルーS.R.L.を設立
2016年11月	・ベンチャー企業への出資，事業開発推進のため，アシックス・ベンチャーズ株式会社を設立
2017年3月	・南米地域における販売体制強化のため，アシックスアルゼンチンS.R.L.を設立
2017年6月	・東南アジアにおける販売体制強化のため，アシックスマレーシアSDN.BHDを設立
2017年7月	・南米地域における販売体制強化のため，アシックスコロンビアS.A.S.を設立
2019年1月	・低酸素環境下トレーニング施設の運営事業開始のため，アシックス・スポーツコンプレックス株式会社を設立
2019年9月	・東南アジアにおける販売体制強化のため，アシックスベトナムLLCを設立
2019年10月	・「米国におけるパフォーマンスランニング」，「デジタル」強化の観点から，消費者とのタッチポイントとブランド露出拡大のため，米国等でレース登録サイト「Race Roster（レースロースター）」を運営するFast North Corporation社と，同年10月に設立した当社連結子会社レースロースターノースアメリカコーポレーションとの間で事業譲渡契約を締結し，同サイトの事業譲受を実施
2020年5月	・アシックストライアスサービス株式会社およびアシックススポーツファシリティーズ株式会社を設立
2020年8月	・インドネシアにおける販売体制強化のため，PTアシックスインドネシアトレーディングを設立
2021年1月	・中東における販売体制強化のため，アシックスアラビアFZEを設立
2021年11月	・保険代理店事業開始のため，アシックス・プレイシュア株式会社を設立 ・オセアニア地域等でレース登録サイト「Register Now（レジスターナウ）」を運営するRegistration Logic Pty Ltd.の全株式を取得し，連結子会社化

2022年4月	・東京証券取引所の市場区分の見直しにより，東京証券取引所市場第一部からプライム市場に移行
2022年8月	・日本におけるランナーとの接点拡大およびランニングエコシステムの更なる強化のため，日本テレビホールディングス株式会社と共同で株式会社アールビーズの株式を取得し，連結子会社化
2022年11月	・欧州におけるランナーとの接点拡大およびランニングエコシステムの更なる強化のため，njuko（ニューコ）SASの株式を取得し，連結子会社化

3 事業の内容

　当社グループは，当社および子会社74社で構成され，スポーツシューズ類，スポーツウエア類，スポーツ用具類などスポーツ用品等の製造販売を主な事業内容としております。

《日本地域》

　子会社であるアシックスジャパン（株）を通じて，当社ブランド製品を販売しております。また，当社ブランド製品を取引先より直接購入し，当社にロイヤルティを支払っております。

　子会社であるアシックス商事（株）は，各地域の子会社へ当社ブランド製品の仲介貿易を行っており，また，自社企画・開発製品の販売を行っております。加えて，一部の当社ブランド製品の販売に伴い，当社にロイヤルティを支払っております。

《北米地域》

　子会社であるアシックスアメリカコーポレーションなどを通じて，当社ブランド製品を販売しております。また，当社ブランド製品を取引先より直接購入し，当社にロイヤルティを支払っております。

《欧州地域》

　子会社であるアシックスヨーロッパB.V.などを通じて，当社ブランド製品を販売しております。また，当社ブランド製品を取引先より直接購入し，当社にロイヤルティを支払っております。

《中華圏地域》

　子会社である亞瑟士（中国）商貿有限公司などを通じて，当社ブランド製品を

販売しております。また，当社ブランド製品を取引先より直接購入し，当社にロイヤルティを支払っております。

《オセアニア地域》

子会社であるアシックスオセアニアPTY.LTD.を通じて，当社ブランド製品を販売しております。また，当社ブランド製品を取引先より直接購入し，当社にロイヤルティを支払っております。

《東南・南アジア地域》

子会社であるアシックスアジアPTE.LTD.などを通じて，当社ブランド製品を販売しております。また，当社ブランド製品を取引先より直接購入し，当社にロイヤルティを支払っております。

《その他地域》

子会社であるアシックスブラジルリミターダおよびアシックスコリアコーポレーションなどを通じて，当社ブランド製品を販売しております。また，当社ブランド製品を取引先より直接購入し，当社にロイヤルティを支払っております。

なお，当社は特定上場会社等に該当し，インサイダー取引規制の重要事実の軽微基準のうち，上場会社の規模との対比で定められる数値基準については連結ベースの計数に基づいて判断することとなります。

---

point 関係会社の状況

主に子会社のリストであり，事業内容や親会社との関係についての説明がされている。特に製造業の場合などは子会社の数が多く，すべてを把握することは難しいが，重要な役割を担っている子会社も多くある。有報の他の項目では一度も触れられていない場合が多いので，気になる会社については個別に調べておくことが望ましい。

事業の系統図の概略は次のとおりであります。

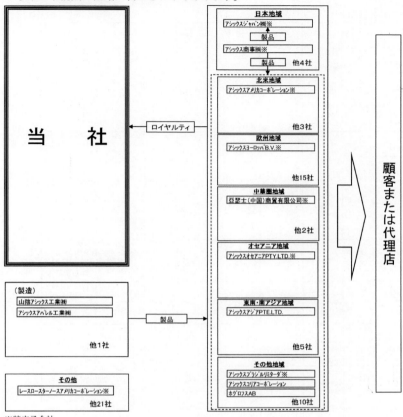

※特定子会社

(注)　当社は，販売子会社から，ロイヤルティを受取っております。またアシックス商事（株）から，一部の当社ブランド製品の販売に伴い，ロイヤルティを受取っております。

（連結子会社）

名称	住所	資本金 （百万円）	主要な事業の内容	議決権の所有又は被所有割合 （％）	関係内容
アシックスジャパン㈱ ※1※2	東京都江東区	90	スポーツ用品等の販売	100	日本において、当社とのライセンス契約に基づき、当社ブランドのスポーツ用品等を販売し、当社に対して当社ブランドの使用等によるロイヤルティを支払っております。 役員の兼任等：無し
アシックス商事㈱ ※1	兵庫県神戸市須磨区	450	スポーツ用品等の販売	100	日本において、当社とのライセンス契約に基づき、当社ブランドのスポーツ用品等を販売し、当社に対して当社ブランドの使用等によるロイヤルティを支払っております。 役員の兼任等：無し
アシックスアメリカコーポレーション ※1※3	California, U.S.A.	千米ドル 123,000	スポーツ用品等の販売および北米の子会社の統括	100 (100)	北米において、当社とのライセンス契約に基づき、当社ブランドのスポーツ用品等を販売し、当社に対して当社ブランドの使用によるロイヤルティを支払っております。なお、当社より債務保証を受けております。 役員の兼任等：無し
アシックスヨーロッパ B.V. ※1	Hoofddorp, NETHERLANDS	千ユーロ 45,020	スポーツ用品等の販売および欧州の子会社の統括	100	欧州において、当社とのライセンス契約に基づき、当社ブランドのスポーツ用品等を販売し、当社に対して当社ブランドの使用等によるロイヤルティを支払っております。 また、欧州地区の当社グループのロイヤルティ等を統括しております。 役員の兼任等：無し
亞瑟士（中国）商貿有限公司 ※1※4	上海市，中国	千元 96,228	スポーツ用品等の販売	100 (100)	中国において、当社とのライセンス契約に基づき、当社ブランドのスポーツ用品等を販売し、当社に対して当社ブランドの使用によるロイヤルティを支払っております。 役員の兼任等：無し
アシックスオセアニア PTY. LTD. ※1	Marsden Park, AUSTRALIA	千豪ドル 2,000	スポーツ用品等の販売	100	オーストラリアにおいて、当社とのライセンス契約に基づき、当社ブランドのスポーツ用品等を販売し、当社に対して当社ブランドの使用等によるロイヤルティを支払っております。 役員の兼任等：無し
アシックスアジア PTE. LTD.	Singapore, SINGAPORE	千シンガポールドル 29,550	スポーツ用品等の販売および東南アジアの子会社の統括	100	シンガポールにおいて、当社とのライセンス契約に基づき、当社ブランドのスポーツ用品等を販売し、当社に対して当社ブランドの使用等によるロイヤルティを支払っております。 役員の兼任等：無し
アシックスブラジルリミターダ ※1	Sao Paulo, BRASIL	千レアル 195,000	スポーツ用品等の販売および南米の子会社の統括	100 (99.9)	ブラジルにおいて、当社とのライセンス契約に基づき、当社ブランドのスポーツ用品等を販売し、当社に対して当社ブランドの使用等によるロイヤルティを支払っております。 役員の兼任等：無し
レースロースターノースアメリカコーポレーション ※1	British Columbia, Canada	千カナダドル 72,760	ランナーがレースに登録をする際のプラットフォームサイトの提供等	100	ランナーがレースに登録をする際のプラットフォームサイトの提供等を行っております。 役員の兼任等：無し
ホグロフスAB	Järfälla, SWEDEN	千スウェーデンクローナ 5,000	アウトドア用品の製造および販売	100	ホグロフスブランドのアウトドア用品の製造および販売を行っております。 役員の兼任等：無し
山陰アシックス工業㈱	鳥取県境港市	90	スポーツシューズ等の製造	100	スポーツシューズ等を製造しております。 役員の兼任等：無し
アシックスアパレル工業㈱	福井県越前市	90	スポーツウエア等の製造	100	スポーツウエア等を製造しております。 役員の兼任等：無し
その他54社	―	―	―	―	―

point 従業員の状況

　主力セグメントや，これまで会社を支えてきたセグメントの人数が多い傾向があるのは当然のことだろう。上場している大企業であれば平均年齢は40歳前後だ。また労働組合の状況にページが割かれている場合がある。その情報を載せている背景として，労働組合の力が強く，人数を削減しにくい企業体質だということを意味している。

(注) 1. 当社グループは，「日本地域」，「北米地域」，「欧州地域」，「中華圏地域」，「オセアニア地域」，「東南・南アジア地域」，「その他地域」の7つを報告セグメントとしております。したがって，主要な事業の内容は，セグメントの名称ではありません。

2. 議決権の所有割合の（　）内は，間接所有割合で内数であります。

3. ※1：特定子会社に該当いたします。

4. ※2：アシックスジャパン株式会社につきましては，売上高（連結会社相互間の内部売上高を除く。）の連結売上高に占める割合が100分の10を超えております。

　　　主要な損益情報等　　（1）　売上高　　　　　　67,269百万円
　　　　　　　　　　　　　（2）　経常利益　　　　　　　501百万円
　　　　　　　　　　　　　（3）　当期純利益　　　　　1,680百万円
　　　　　　　　　　　　　（4）　純資産額　　　　　　8,823百万円
　　　　　　　　　　　　　（5）　総資産額　　　　　　42,309百万円

5. ※3：アシックスアメリカコーポレーションにつきましては，売上高（連結会社相互間の内部売上高を除く。）の連結売上高に占める割合が100分の10を超えております。

　　　主要な損益情報等　　（1）　売上高　　　　　100,820百万円
　　　　　　　　　　　　　（2）　経常損失　　　　　4,078百万円
　　　　　　　　　　　　　（3）　当期純損失　　　　4,520百万円
　　　　　　　　　　　　　（4）　純資産額　　　　　13,420百万円
　　　　　　　　　　　　　（5）　総資産額　　　　　85,753百万円

6. ※4：亞瑟士（中国）商貿有限公司につきましては，売上高（連結会社相互間の内部売上高を除く。）の連結売上高に占める割合が100分の10を超えております。

　　　主要な損益情報等　　（1）　売上高　　　　　　52,572百万円
　　　　　　　　　　　　　（2）　経常利益　　　　　9,545百万円
　　　　　　　　　　　　　（3）　当期純利益　　　　6,892百万円
　　　　　　　　　　　　　（4）　純資産額　　　　　19,370百万円
　　　　　　　　　　　　　（5）　総資産額　　　　　31,231百万円

point 業績等の概要

この項目では今期の売上や営業利益などの業績がどうだったのか，収益が伸びたあるいは減少した理由は何か，そして伸ばすためにどんなことを行ったかということがセグメントごとに分かる。現在，会社がどのようなビジネスを行っているのか最も分かりやすい箇所だと言える。

5　従業員の状況

（1）　連結会社の状況 ・・・

2022年12月31日現在

セグメントの区分	従業員数（人）
日本地域	1,530　[386]
北米地域	1,230　[225]
欧州地域	1,542　[156]
中華圏地域	1,046　[57]
オセアニア地域	240　[209]
東南・南アジア地域	373　[41]
その他地域	795　[18]
全社（共通）等	2,130　[422]
合計	8,886　[1,514]

（注）　従業員数は就業人員であり，臨時従業員数は[　]内に年間の平均人員を外数で記載しております。

（2）　提出会社の状況 ・・・

2022年12月31日現在

従業員数（人）	平均年齢（歳）	平均勤続年数（年）	平均年間給与（円）
982　[63]	41.2	13.9	8,640,718

（注）1.　従業員数は就業人員であり，臨時従業員数は[　]内に年間の平均人員を外数で記載しております。

　　　2.　平均年間給与は，賞与および基準外賃金を含んでおります。

　　　3.　セグメントは「全社（共通）等」であります。

（3）　労働組合の状況 ・・・

　当社は，アシックスユニオンが結成されており，上部団体UAゼンセン同盟に加入しております。また，一部の子会社において，それぞれ個別に労働組合が結成されております。

　なお，労使関係につきましては，とくに記載すべき事項はありません。

■ 事業の状況

1 経営方針，経営環境及び対処すべき課題等

　有価証券報告書に記載されている将来に関する記述は，当社グループが有価証券報告書提出日現在において入手している情報および合理的であると判断する一定の前提に基づいており，実際の業績等は様々な要因により大きく異なる可能性があります。

（I）経営の基本方針 ……………………………………………………

　アシックスグループは，「ASICS SPIRIT」に掲げた創業哲学「健全な身体に健全な精神があれかしー "Anima Sana In Corpore Sano"」を基本に，ビジョン「Create Quality Lifestyle through Intelligent Sport Technology ースポーツでつちかった知的技術により，質の高いライフスタイルを創造する」の実現に向けて，「アシックスの理念」をもって事業運営を行っております。

（II）長期ビジョン「VISION2030」策定 ……………………………

　当社は，「健全な身体に健全な精神があれかし」を創業哲学とし，主に「パフォーマンス・アスリート」のための「プロダクト」を中心にビジネスを展開してきました。しかし，世界の60歳以上の人口が今後非常に速いペースで伸びていくことが予測され，よ

り長く健康でいることが注目されています。また「健康」の定義も，昨今は身体の健康だけでなく，心の健康まで含めるようになっています。このように急激に変化していく社会環境の中で創業哲学を実現するため，誰もが「ライフタイム・アスリート」として，スポーツを通じて心も身体も満たされるライフスタイルを創造していくことを目指し，そのために当社が2030年にあるべき姿としてVISION2030を策定しております。

「Performance Athlete」のサポートから、「Lifetime Athletes in All of Us」
私たち誰もが一生涯運動・スポーツに関わり心と身体が健康で居続けられる世界の実現へ。

　2030年に向けて，当社は「プロダクト」に加え「ファシリティとコミュニティ」「アナリシスとダイアグノシス」これら3つの事業ドメインでビジネスを拡大していきます。この3つの事業ドメインを通じて，人々の心と身体の健康を実現していきます。

プロダクト
パーソナライズされたプロダクト
お客さま一人ひとりの嗜好、価値観の多様化に基づいてパーソナライズされたプロダクトを提案し、それらを素早くお届けする仕組みを構築します。

ファシリティとコミュニティ
最適な環境や仲間とのつながり
より多くの人々の健康を実現するために、スポーツをはじめるきっかけや継続するためのきっかけ、リアル・バーチャルを問わずいつでもどこでも誰とでもつながりながらスポーツを楽しめる場を提供します。

アナリシスとダイアグノシス
パーソナルデータに基づいたコーチング
長年つちかってきた知見と、センシングなどの新たな技術によって収集されるデータに基づいた分析診断を通して、一人ひとりの健康およびパフォーマンスの維持・向上をサポートします。

すべての事業ドメインに共通する3つのテーマ

1. Digital　2. Personal　3. Sustainable
デジタル　　　　　　　　パーソナル　　　　　　　サステイナブル

　すべての事業ドメインに共通して，この3つのテーマを掲げています。進化を続けるデジタル技術を活用し，各個人に合わせてパーソナライズされた製品・サービスを，環境に配慮したサステナブルな手法で開発・提供していきます。これら3つのテーマを通じて，各事業ドメインを単独で成長させつつ，それぞれの事業ドメインが交わることで相乗効果を生み出し，価値の最大化を図ります。

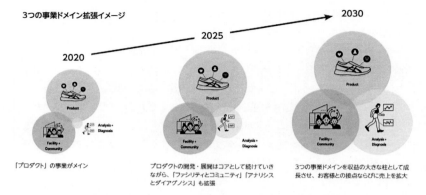

3つの事業ドメイン拡張イメージ

2020

2025

2030

「プロダクト」の事業がメイン

プロダクトの開発・展開はコアとして続けていきながら、「ファシリティとコミュニティ」「アナリシスとダイアグノシス」も拡張

3つの事業ドメインを収益の大きな柱として成長させ、お客様との接点ならびに売上を拡大

あらゆる角度からお客さま一人ひとりに最適な価値を提供することで、質の高いライフスタイルの実現に貢献することを目指します。

（Ⅲ） 中期経営計画2023策定 ···

① 中期経営計画2023の進捗状況

　中期経営計画2023の営業利益および営業利益率の目標を一年前倒しで達成しました。

　戦略目標である「デジタルを軸にした経営への転換」では，当社会員プログラムのOneASICS会員数が730万人（前期比＋35.2％）となりました。EC売上高も863億円（前期比＋35.3％）と伸長し，収益性の改善に繋げています。また，すべてのランナーに対してプレミアムなランニング体験を提供することを目指し，レース登録会社である株式会社アールビーズおよびnjuko SASをグループ会社化し，全世界において約1,000万人以上のレース登録を通じたランナーとの接点拡大およびランニングエコシステムの構築を加速させました。

　また，もうひとつの戦略目標である「事業活動を通したサステナブルな社会の実現」では，2050年までに事業における「温室効果ガス排出量実質ゼロ」の実現に向けた新たな取組みとして，温室効果ガス排出量を最も低く抑えたスニーカー「GEL-LYTE Ⅲ CM　1.95」を9月15日に発表しました。今後も機能性と環境配慮の両立を実現するイノベーションを通じて，世界の人々の心身の健康とスポー

---

point 生産，受注及び販売の状況

　生産高よりも販売高の金額の方が大きい場合は，作った分よりも売れていることを意味するので，景気が良い，あるいは会社のビジネスがうまくいっていると言えるケースが多い。逆に販売額の方が小さい場合は製品が売れなく，在庫が増えて景気が悪くなっていると言える場合がある。

ツができる環境を守ることに貢献していきます。

重点戦略であるパフォーマンスランニングでは，トップアスリート向けのランニングシューズ「METASPEED」シリーズの最新作，「METASPEED SKY＋」と「METASPEED EDGE＋」を発売しました。4月24日にスペインのマラガで開催した世界陸連公式レース「META:Time:Trials」（当社主催）では，当社の誇るトップアスリート73人が「METASPEED＋」シリーズを着用し，29のパーソナルベスト，4つのナショナルレコードが生まれる結果となりました。主要地域である日本・米国・欧州でNo.1のランニングブランドになる為，ランニングエコシステムの構築に加え，ランニング専門店との取組み強化などにより，ランニングシューズ市場でのマーケットシェア拡大を図ります。

② **経営環境**
●**市場環境**

コロナの影響により減少し，バーチャル化されたランニング大会やイベントは，2022年には通常レースへの転換が進みました。それによりスポーツ用品市場は好調に推移しています。

あらゆる場面でデジタルとリアルを結び付けようとする様々な取り組みが社会全体で進んでおり，今後もその傾向はますます加速していくことが予想されます。

また，脱炭素社会に向けた地球規模での取組みや企業活動における責任について今後より一層求められていくと考えています。

●**競合他社の状況**

スポーツイベントの再開，またコロナ禍によって高まったランニング・ウォーキングを中心としたスポーツ参加の拡大を追い風に，ほとんどのスポーツメーカーが業績を伸ばしています。

Eコマース市場の急速な拡大を背景に，各社ともに売上は伸張しており，今後もデジタルを成長のドライバーとした売上拡大を目指していくことが想定されます。さらに，実店舗とEコマースをつなぐオムニチャネル化に向けた取り組みも進んできていることから，引き続き各社ともにデジタル分野への投資に注力していくことが予想されます。

（point）**対処すべき課題**

有報のなかで最も重要であり注目すべき項目。今，事業のなかで何かしら問題があればそれに対してどんな対策があるのか，上手くいっている部分をどう伸ばしていくのかなどの重要なヒントを得ることができる。また今後の成長に向けた技術開発の方向性や，新規事業の戦略についての理解を深めることができる。

サステナビリティという観点では，プロダクトおよびサービスにおいて環境を配慮することが求められる社会となっており，スポーツメーカー各社もプロダクトやサービスだけではなく，ビジネスのあらゆる面でサステナビリティに関する目標を設定し，様々な取り組みを通じてその達成を目指しています。

●顧客動向

生活者の購買動向は，コロナ禍で普及したＥコマースがさらに進みデジタルを活用したツールやサービスが拡大しましたが，リアルでの購買や体験に対するニーズも戻ってきており，今後はデジタルとリアルを掛け合わせたサービス需要がますます加速することが予想されます。

また，より持続的な社会を実現するための消費に対する価値観の変化やニーズはさらに大きくなることが予測されています。

③　VISION2030と中期経営計画2023の位置づけ

中期経営計画2023は，VISION2030実現のための重要な最初の３ヵ年計画です。将来の持続的成長に向けて，まずはランニングにおいてプロダクトを軸に３つの事業ドメインの連携を強めることに注力し，アシックスの目指す未来「誰もが一生涯，運動・スポーツを通じて心も身体も満たされるライフスタイルを創造する（LifetimeAthletes in All of Us）」の実現を目指します。また，収益性にフォーカスすることで，安定した財務基盤を確立します。

④　優先的に対処すべき事業上及び財務上の課題

中期経営計画2023を実行していく上で，当社グループが優先的に対処すべき事業上及び財務上の課題として，以下の戦略目標，方針に従って定めた重点戦略を着実に実行することで，収益性を高めることに注力し，将来の持続的成長のための安定した財務基盤を確立します。

Sound Mind, Sound Body
VISION2030

戦略目標 Strategic Objectives	デジタルを軸にした経営への転換	事業活動を通したサステナブルな社会の実現

| 方針
Management
Direction | 収益性を高めることに注力し、将来の持続的成長のための安定した財務基盤を確立する | |

重点戦略 Strategic Priorities

収益事業の拡大
- ランニングでNo.1
- オニツカタイガーの着実な成長
- 中華圏の成長加速
- 成長市場の拡大
- サービス事業の拡大

収益事業への変革
- アパレル事業
- 選択したスポーツカテゴリーへの集中
- 直営店戦略の見直し
- 成熟市場における収益性向上

経営基盤の強化
- 次世代技術によるイノベーション創造
- サプライチェーン、生産改革
- 人財強化と人財活性化、ダイバーシティ＆インクルージョン
- カテゴリー体制 2.0
- 財務戦略、バランスシートマネジメント
- ガバナンス体制の充実

⑤ 経営指標

　中期経営計画2023 では，以下の財務指標を設定し，利益体質の確立と資産効率の向上により，強固な財務基盤の確立を目指しております。また財務指標だけでなく，VISION2030達成に向けた非財務指標も設定し，追求していきます。

財務指標		営業利益	営業利益率	ROA
	2023年度(計画)	250億円	6.0%以上	4.0%

非財務指標		
	EC成長	2023年：2019年比 3倍以上
	OneASICS会員数	2023年：500万人以上(2019年比 3倍以上)
	CO2排出量削減	2023年：製品あたりのCO2排出量を2015年比15%程度削減
	女性管理職比率	2023年：35.0%(グローバル全体) ※評価すべき部下を持つ人(店舗を含む)

2 事業等のリスク

　当社グループの事業，財政状態，経営成績等に重要な影響を与える可能性があると認識している主要なリスクは，以下のとおりであります。記載内容のうち将来に関する事項につきましては，有価証券報告書提出日現在において判断したものであります。

　なお，当社は，リスクマネジメント委員会を設け，これらの中から定期的に経営戦略に伴うリスクの分析・評価を行い，リスク対応策を講じることで全社的なリスクを低減し，危機の発生を回避，もしくは危機発生時の損失を最小化してい

ます。もし，危機を認知した場合は，クライシスマネジメント規程に定められた方針に則り，速やかに対応いたします。

（1）　グローバルでの事業拡大に伴う，バリューチェーンにおけるリスク ………

　当社グループは，グローバルな事業展開をしており，更なる市場拡大を目指しています。生産につきましても，OEM生産を手掛ける多くの海外工場と協力して，東南アジアおよび中国など各地域での生産を進めています。

　グローバルでの事業拡大には，バリューチェーンである調達，生産，販売において，以下に掲げるリスクが内在しており，経営戦略や業績に影響を及ぼす可能性があります。

①　サステナビリティ（人権・環境）に関するリスク

a. 当社グループは，生産委託先工場に対し，各国および国際的な労働基準を遵守し労働者に公正で安全な労働環境を提供するよう厳しく要求しています。しかし，当社の生産委託先工場が，人権NGOから労働基準の非遵守を指摘された場合，事実関係に関わらず，当社グループの企業イメージを損なうリスクがあります。

b. 温室効果ガス排出量の削減，再生可能エネルギーへの転換などの気候変動への対応が遅れた場合や，廃棄物排出量の削減，資源循環の取り組みなどが適切に行われなかった場合，当社グループの企業イメージに対する社会的な信用低下を招く可能性があります。

c. 当社グループは，製品および製造工程の有害・制限化学物質管理を進めていますが，生産委託先工場や原材料サプライヤーで有害・制限化学物質の非遵守使用があった場合，業績や企業イメージに悪影響を及ぼす可能性があります。

②　サプライチェーンに関するリスク

　当社グループは，東南アジアを中心とした委託工場での生産から各販売地域を結ぶサプライチェーンにおいて，自然災害や事故等があった場合の物損に備えて，物流保険に加入しております。一方で，サプライチェーンが寸断され，商品の到着遅延による売上減があった場合は，財政状態および経営成績に悪影響を及ぼす可能性があります。

③ 信用リスク

　当社グループはグローバルで販売チャネルの管理を強化していますが，代理店や小売店の経営破たんや債務不履行があった場合，財政状態および経営成績に悪影響を及ぼす可能性があります。

（2）　季節的変動に係るリスク ···

　当社グループが取扱う製品には，季節性の高いものが含まれており，季節により業績に偏りが生じる場合があります。そのような製品については，需要見通しの上で仕入・販売計画を策定しておりますが，気候条件による季節的な影響を正確に予測することは困難であり，実際の気候が予測と異なることにより，当社グループの財政状態および経営成績に悪影響を及ぼす可能性があります。

（3）　外部への生産委託に関するリスク ·································

　当社グループは，製品の生産の一部を外部の協力工場に委託しております。これらの外注先の選定にあたっては，技術力や供給能力などについて，あらかじめ厳しく審査を行い，信頼できる取引先を選定しておりますが，納入の遅延や製品の欠陥をはじめとした，生産面でのリスクが生じる可能性を否定できず，外注先の生産能力不足や自然災害による外注先の操業停止などにより，当社グループが十分な製品供給を行えない可能性があります。

（4）　原材料の仕入価格の変動に関するリスク ···················

　当社グループが生産委託先工場に生産を委託しているフットウエア製品の原材料の仕入値は国際的な原油価格と関係があるため，原油価格の大幅な価格変動が数ヶ月後の原材料価格動向に影響を及ぼす傾向があります。フットウエア製品は，売上高の大部分を占めており，国際原油価格に著しい変動が発生した場合には，仕入価格も変動し当社グループの財政状態および経営成績に悪影響を及ぼす可能性があります。

（5） 製品の物流価格の変動に関するリスク

当社グループが生産委託先工場から販売子会社の市場に製品を輸送する場合の費用は，国際的な物流価格と関係があるため，物流価格の大幅な価格変動が製品仕入価格動向に影響を及ぼす傾向があります。

主に東南アジアに生産委託工場を有するフットウエア製品は，売上高の大部分を占めており，国際物流価格に著しい変動が発生した場合には，仕入価格も変動し当社グループの財政状態および経営成績に悪影響を及ぼす可能性があります。

（6） 情報セキュリティに関するリスク

当社グループは，リスクマネジメント委員会の下部組織として，情報セキュリティ委員会を設け，セキュリティ専任チームが情報セキュリティの強化を進め，個人情報や営業秘密等の情報管理に努めています。しかし，高度化したサイバー攻撃により，これらの情報が万一漏洩・流出した場合，または，販売オペレーションが停止した場合には，お客様などからの損害賠償請求，売上の機会損失，および信用の失墜等により，財政状態および経営成績に悪影響を及ぼす可能性があります。

（7） 個人情報の取扱いに関するリスク

当社グループは，グローバルレベルで顧客や従業員の個人情報を保有しています。欧州および各国における個人情報保護法の施行に対応するため，社内体制とプロセスを整え，当該部署への教育を強化するなどしてリスクを低減しています。特に欧州に関しては，EU一般データ保護規則違反により万一制裁金が課された場合，財政状態および経営成績に悪影響を及ぼす可能性がある 為，当社グループ共通ルールを 定めた拘束的企業準則（BindingCorporate Rules）をEU当局に申請しています。

（8） 知的財産権に関するリスク

当社は，国内外において，多くの特許権・商標権等の知的財産権を所有しております。知的財産権に関する侵害事件の発生など，商品開発への悪影響やブラン

ドイメージの低下等を招く可能性があります。

知的財産権に関する侵害訴訟は解決までに相当な時間と費用を要し，財政状態および経営成績に悪影響を及ぼす可能性があります。

(9)　人財育成および確保に関するリスク ···

当社グループにとって人財は経営の基盤であり，特にグローバルな事業活動を一層進める中で，それらの環境で活躍できる人財の育成・確保が急務であり，国内外での積極的な採用活動，研修・教育の充実，コア人財の流出の防止などの施策を講じています。これらの施策にも拘わらず，当社グループの人財育成・確保，適材適所の配置が計画通り進まなかった場合，長期的視点から当社グループの財政状態および経営成績に悪影響を及ぼす可能性があります。

(10)　競合と技術革新に関するリスク ···

当社グループの事業に関連する製品は，国内外の市場で競合他社との激しい競争にさらされております。当社グループの競合先には，研究開発や製造，販売面で有力な企業が存在しております。現在，当社グループのブランド力および製品は，こうした競合先との競争力を十分に有しておりますが，このことが，将来においても競合他社に対し有利に競争し続け得ることを保証するものではありません。また，取引先における技術革新によって当社製品の販路が縮小され，当社グループの財政状態および経営成績に悪影響を及ぼす可能性があります。

(11)　新規事業に係るリスク ···

当社グループが新規事業に取り組む場合には，事前に十分な検討を行った上で事業計画が策定され，取締役会における承認の上で行われます。新規事業の展開には先行投資が必要となるケースが多く，当該事業が安定して収益を計上するまでには一定の時間を要することが予想されるため，一時的に当社グループの利益率が低下する可能性があります。

(point) **事業等のリスク**

「対処すべき課題」の次に重要な項目。新規参入により長期的に価格競争が激しくなり企業の体力が奪われるようなことがあるため，その事業がどの程度参入障壁が高く安定したビジネスなのかなど考えるきっかけになる。また，規制や法律，訴訟なども企業によっては大きな問題になる可能性があるため，注意深く読む必要がある。

（12）　M&Aに関するリスク ···

　当社グループは新規市場への展開を行う中で，M&Aをその有効な手段のひとつとして位置付けており，今後も必要に応じてM&Aを実施する方針です。M&Aに際しては，対象企業のビジネス，財務内容および法務等について詳細なデューデリジェンスを行い，各種リスクの低減を図る方針でありますが，これらの調査の段階で確認又は想定されなかった事象がM&Aの実行後に発生又は判明する場合や，M&A実施後の事業展開が計画通りに進まない可能性があり，その場合は当社グループが当初期待した業績への寄与の効果が得られない可能性があることも考えられ，当社グループの財政状態および経営成績に悪影響を及ぼす可能性があります。

（13）　経済環境・消費動向の変化のリスク ·······································

　当社グループが事業活動を展開している各国における経済環境や消費動向の変化により，売上の減少や過剰在庫が発生し，当社グループの財政状態および経営成績に悪影響を及ぼす可能性があります。

（14）　海外拠点での事業活動に係るリスク ·······································

　当社は，事業活動の相当部分を米国，欧州および中国を含むその他地域で行っております。こうした海外市場で事業を行うにあたって，以下のような特有のリスクがあります。

- ・ゼネスト等の労働紛争
- ・アジア等における労働力不足と賃金水準の上昇
- ・政治不安
- ・貿易規制や関税の変更
- ・一般的に長期の債権回収期間
- ・法律や規制の予想し得ない制定または改正
- ・文化，商慣習の相違
- ・関税，輸送費用，その他の価格競争力を低下させる負担費用
- ・投資効果の実現までに要する長い期間と多額の資金

（15） 減損に係るリスク ....

　当社は，今後買収を通じてさらにのれん等を保有する可能性があり，これらの資産につき収益性の低下が発生した場合，当社は減損を認識しなければならず，当社の財政状態および経営成績に悪影響を及ぼす可能性があります。

（16） 見積り前提条件の変動リスク ....

　当社グループは連結財務諸表を作成するに際して，売上債権の回収可能性，棚卸資産の評価，投資有価証券の減損，繰延税金資産に対する評価性引当額，従業員の退職給付制度などに関して見積りを行っております。これらの見積りは将来に関する一定の前提に基づいており，その前提が実際の結果と相違する場合には，予期せぬ追加的な費用計上が必要となり，当社グループの財政状態および経営成績に悪影響を及ぼす可能性があります。

（17） 為替レートの変動に伴うリスク ....

　当社グループは，グローバルで製品の製造販売を行っております。各地域における現地通貨建の財務諸表を円換算して連結財務諸表を作成しており，換算時の為替レートにより，円換算後の価値に影響が出る可能性があります。製品仕入につきましては大部分を米ドル建で行っており，米ドルに対する他通貨の為替レートの変動などに伴う製造原価の上昇などにより，財政状態および経営成績に悪影響を及ぼす可能性があります。

　また，当社グループは，実需の範囲内で短期および長期の為替予約取引により，為替変動リスクを低減していますが，必ずしも為替リスクを完全に回避するものではありません。

（18） 税務に関するリスク ....

　当社グループを構成する事業法人は，各国の税法に準拠して税額計算し，適正な形で納税を行っております。なお，適用される各国の移転価格税制などの国際税務リスクについて細心の注意を払っておりますが，税務当局との見解の相違により，結果として追加課税が発生する可能性があります。

ⓟₒᵢₙₜ 財政状態，経営成績及びキャッシュ・フローの状況の分析

　「事業等の概要」の内容などをこの項目で詳しく説明している場合があるため，この項目も非常に重要。自社が事業を行っている市場は今後も成長するのか，それは世界のどの地域なのか，今社会の流れはどうなっていて，それに対して売上を伸ばすために何をしているのか，収益を左右する費用はなにか，などとても有益な情報が多い。

（19）　株価下落のリスク

当社の発行済株式は，東京証券取引所にて売買可能であり，大株主による当社株式大量の市場売却や，そのような売却の可能性は，当社株式の市価を低下させる可能性があります。また，当社は当社株式に転換可能な有価証券を発行する可能性もあり，これらの事態が発生した場合，株式価値が希薄化し，株価に悪影響を与える可能性があります。

（20）製造物責任に関するリスク

当社グループは，厳密な品質基準を設けて生産および仕入れを行っております。製造物責任賠償保険に加入しておりますが，すべての賠償額を保険でカバーできるという保証はありません。製造物責任問題発生による社会的評価，企業イメージの低下は，当社製品に対する消費者の購買意欲を減少させる可能性があります。これらの事象は財政状態および経営成績に悪影響を及ぼす可能性があります。

（21）　法令違反リスク

当社グループは，「アシックスグローバル行動規範」を定め，内部統制の体制を整え，グループ一丸となって法令順守および倫理行動規範の徹底に努めております。それにもかかわらず，当社グループの役員または従業員が法令に違反する行為を行った場合には，当社グループの事業活動が制限され，財政状態および経営成績が悪化する可能性があります。

（22）　紛争・訴訟リスク

当社グループと，取引先，顧客等との間に紛争や訴訟が発生した場合，当該紛争解決に多額の費用がかかり，当社グループの財政状態および経営成績に悪影響を及ぼす可能性があります。

（23）　大規模自然災害等に関するリスク

想定外の自然災害，政治経済状況の変化，感染症・伝染病等の流行，法律・規制の変更，テロ・戦争・その他社会情勢の混乱などが，財政状態および経営成

績に悪影響を及ぼすリスクがあります。特に，グループ全体の経営管理機能を集約している本社が所在する兵庫県神戸市で大規模自然災害が発生した場合，財政状態および経営成績に悪影響を及ぼす可能性があります。なお，当社は，大規模自然災害が本社地域および主要営業所に発生した場合に適用する「事業継続計画（BCP）」を策定しております。

3　経営者による財政状態，経営成績及びキャッシュ・フローの状況の分析

（経営成績等の状況の概要）

　当連結会計年度より，「収益認識に関する会計基準」（企業会計基準第29号2020年3月31日）等を適用しております。

　詳細は，「第5　経理の状況　1　連結財務諸表等　(1)　連結財務諸表　注記事項（会計方針の変更）」に記載のとおりであります。

(1)　財政状態及び経営成績等の状況 ・・・・・・・・・・・・・・・・・・・・・・・・・・・・・・・・・・・・・・・

当連結会計年度の主要な取り組み

　当連結会計年度も，世界的な新型コロナウイルス感染症（以下，感染症）により様々な影響が懸念されましたが，世界では社会経済活動の正常化に向けた取組みが進みつつあります。そのような状況の中，当連結会計年度の売上高は4,846億円（前期比+19.9%）と全地域で2桁成長し，為替影響を除いても+9.6%の成長となり，過去最高を記録しました。粗利益率は，主に仕入為替の悪化や米欧での物流費の高騰があったものの，チャネルミックスの良化や販売価格の適正化に努め，49.7%と前連結会計年度を上回っております。営業利益についても前期比で大幅増益の340億円（前期比+54.9%）と過去最高となり，「中期経営計画2023」における営業利益の目標である250億円を前倒しで達成しました。

　なお，ロシア・ウクライナ情勢をめぐる混乱が続いておりますが，アシックスのロシア・ウクライナ事業の規模が小さかったために，業績への影響は軽微でした。

◇　デジタル

①　全世界におけるECの売上高は863億円（前期比+35.3%）と引き続き伸長しました。また，OneASICS会員数は730万人（前期比+35.2%）となりました。

引き続き，「中期経営計画2023」における重点戦略の1つである「ランニングでNo.1」実現の観点から，ランナーとのタッチポイントを拡大することでOneASICS会員数を増やし，ランニングエコシステムを早期に構築して参ります。

② 11月に，年間登録者数330万人超を誇る欧州最大級のレース登録プラットフォームを提供する「njuko（ニューコ）SAS」（以下，「njuko」）を子会社化しました。njukoはフランス，イギリス，ドイツをはじめとする欧州各国における有名大会にてプラットフォームとして採用されています。

これによって，主要リージョンである日本，北米，欧州，オセアニアそれぞれにおけるトップクラスのレース登録会社の買収が完了しました。2023年には全世界において1,200万件以上のレース登録が期待され，アシックスはグローバルマーケットシェアNo.1のレース登録会社となる見込みです。

更なるランニングエコシステムの拡充によって，ECでは早期に売上高1,000億円を，レース登録事業やランニングアプリなどのランニングサービスでは2026年までに売上高120億円を目指します。

◇ **中華圏地域**

売上高は624億円（前期比+18.7％）と大幅に増加しました。上海などでは3月から5月にかけて感染症拡大による行動規制影響があり，北京や広州などでも10月から11月にかけて感染症拡大がありました。12月には主要都市で外出自粛が強まるなど年間を通して非常に厳しい消費環境でした。このような状況の中にもかかわらず，2019年に設立した中国本部主導のローカル性を重視した各種戦略が奏功し，売上高はパフォーマンスランニングでは+34.5％（現地通貨ベースでは+18.2％），コアパフォーマンススポーツでは+58.5％（現地通貨ベースでは+39.7％），スポーツスタイルでは+40.7％（現地通貨ベースでは+23.8％）と大幅伸長しました。また，2019年比較ではパフォーマンスランニングの売上高は+137.3％と2倍超の成長となりました。

◇ **パフォーマンスランニング**

① 売上高は2,582億円（前期比+24.0％）となりました。地域ごとの売上高について，欧州地域では前期比+20％超，中華圏地域やオセアニア地域では同

+30％超，東南・南アジア地域では同+50％超と各地域で大幅伸長しました。

② トップアスリート向けのランニングシューズ「METASPEED（メタスピード）」シリーズが躍進を続けています。年末年始に開催された各駅伝大会におけるシェアは，前年比で拡大しました。引き続き各地におけるランニングシューズシェアの拡大を図り，「ランニングでNo.1」を目指してまいります。

◇ **オニツカタイガー**

売上高は430億円（前期比+11.6％）と行動規制影響があった中華圏地域では減少となりましたが，インバウンド売上高が回復傾向にある日本地域では+35.8％，更に東南・南アジア地域では2倍超に伸長しました。

◇ **サステナビリティ**

① 世界の代表的なESG投資指標である「Dow Jones Sustainability Indices」（以下「DJSI」）の「Asia/Pacific Index」対象銘柄に8年連続で選出されました。DJSIは米国S＆Pダウ・ジョーンズ社とスイスのESGアセスメント会社であるSAM社が共同で開発した世界の代表的なESG指数で，世界各国の企業の持続可能性（サステナビリティ）を経済・環境・社会の3つの側面から評価し，優良企業を選定するものです。アシックスはグローバルの対象企業において業界上位5％の評価を獲得しました。

② 国際NGO「CDP」が発表した企業の気候変動対策を評価する指標において，総合評価「A-」を再取得しました。CDPの評価結果は，サステナビリティ・リンク・ボンドのパフォーマンスターゲットに設定されており，資金調達の側面でも重要な指標です。今後も非財務情報の開示を充実させてまいります。

◇ **ROAツリーマネジメント**

ROAは5.2％となり，「中期経営計画2023」で設定した4.0％を前倒しで達成しました。

また，CCCは，前期の棚卸資産残高が生産混乱の影響を受けて平時より低い水準であったことや，好調な販売に備えた手元在庫の確保に加え，為替の変動による棚卸資産残高の押上げ影響により，189日となりました。

$$\text{ROA（年率換算）} = \frac{2022年12月期当期純利益}{(2021年12月期期末総資産＋2022年12月期期末総資産) \div 2}$$

◇ **買収防衛策の廃止**

　アシックスは，「中期経営計画2023」の策定・実行を通じた企業価値の向上および昨今の買収防衛策に関わる状況を踏まえ，「当社株式の大規模な買付行為への対応方針」について，これを継続せず，その有効期間が満了する2023年3月開催予定の定時株主総会終結の時をもって廃止することを決議しました。今後も，創業の精神「ASICS SPIRIT」に基づき，株主，お客様，社会，従業員などのステークホルダーとの強い信頼関係を構築することで，アシックスグループを持続的に成長させ企業価値の長期継続的な向上を目指してまいります。

　当連結会計年度の財政状態および経営成績は，次のとおりであります。

① **財政状態**

　当連結会計年度末の総資産は，前期末に比べ79,293百万円増加し，425,067百万円となりました。

　当連結会計年度末の負債合計は，前期末に比べ53,101百万円増加し，252,337百万円となりました。

　当連結会計年度末の純資産合計は，前期末に比べ26,192百万円増加し，172,729百万円となりました。

② **経営成績**

　当連結会計年度における売上高 は484,601百万円と前期比19.9％の増収，営業利益は34,002百万円と前期比54.9％の増益，経常利益は30,913百万円と前期比39.5％の増益，親会社株主に帰属する当期純利益は19,887百万円と前期比111.5％の大幅増益となりました。

　報告セグメント別の業績は，次のとおりであります。

 設備投資等の概要

　セグメントごとの設備投資額を公開している。多くの企業にとって設備投資は競争力向上・維持のために必要不可欠だ。企業は売上の数％など一定の水準を設定して毎年設備への投資を行う。半導体などのテクノロジー関連企業は装置産業であり，技術発展のスピードが速いため，常に多額の設備投資を行う宿命にある。

	売上高			セグメント利益		
	前連結会計年度	当連結会計年度	増減額	前連結会計年度	当連結会計年度	増減額
日本地域	109,911	123,402	13,490	1,193	6,046	4,853
北米地域	86,176	105,331	19,155	848	26	△821
欧州地域	106,604	130,099	23,495	10,889	11,254	365
中華圏地域	52,593	62,411	9,818	9,147	10,067	919
オセアニア地域	24,756	33,292	8,535	3,347	5,211	1,864
東南・南アジア地域	10,903	18,448	7,544	964	2,984	2,020
その他地域	35,133	43,630	8,496	1,797	3,646	1,849

（2） キャッシュ・フローの状況 ……………………………………………

　営業活動によるキャッシュ・フローは21,427百万円の支出となりました。

　投資活動によるキャッシュ・フローは14,481百万円の支出となりました。

　財務活動によるキャッシュ・フローは2,314百万円の収入となりました。

　以上の結果，現金及び現金同等物の期末残高は，前期末に比べて29,471百万円減少し，65,804百万円となりました。

（生産，受注及び販売の状況）

　当社グループは，生産実績の割合が僅少であるため記載を省略しております。また，受注状況につきましても，受注生産を行っている割合が僅少であるため記載を省略しております。なお，報告セグメント別の売上高につきましては，「第2「事業の状況」　3．経営者による財政状態，経営成績及びキャッシュ・フローの状況の分析（経営者の視点による経営成績等の状況に関する分析・検討内容）(1)当連結会計年度の経営成績等の状況に関する認識及び分析・検討内容」をご参照ください。

（経営者の視点による経営成績等の状況に関する分析・検討内容）

　経営者の視点による当社グループの経営成績等に関する認識及び分析・検討内容は次のとおりであります。

　なお，記載内容のうち将来に関する事項につきましては，有価証券報告書提出日現在において判断したものであります。

⒫ 主要な設備の状況

　「設備投資等の概要」では各セグメントの1年間の設備投資金額のみの掲載だが，ここではより詳細に，現在セグメント別，または各子会社が保有している土地，建物，機械装置の金額が合計でどれくらいなのか知ることができる。

（1） 当連結会計年度の経営成績等の状況に関する認識及び分析・検討内容 ‥‥‥

① 財政状態

　当連結会計年度末の財政状態といたしましては，総資産425,067百万円（前連結会計年度末比22.9％増），負債合計252,337百万円（前連結会計年度末比26.7％増），純資産合計172,729百万円（前連結会計年度末比17.9％増）でした。なお，当連結会計年度末の棚卸資産残高は，前連結会計年度末の棚卸資産残高が生産混乱の影響を受け通常より低水準だったことに加え，為替影響，会計方針の変更もあり，増加しております。

a．流動資産

　商品及び製品の増加などにより，296,122百万円（前連結会計年度末比21.8％増）となりました。

b．固定資産

　使用権資産の増加などにより，128,944百万円（前連結会計年度末比25.6％増）となりました。

c．流動負債

　短期借入金の増加などにより，150,632百万円（前連結会計年度末比71.8％増）となりました。

d．固定負債

　償還期限が1年以内となった社債の固定負債から流動負債への振り替えによる減少などにより，101,704百万円（前連結会計年度末比8.8％減）となりました。

e．純資産

　利益剰余金の増加などにより，172,729百万円（前連結会計年度末比17.9％増）となりました。

② 経営成績

　当連結会計年度における売上高は484,601百万円と前期比19.9％の増収，営業利益は34,002百万円と前期比54.9％の増益，経常利益は30,913百万円と前期比39.5％の増益，親会社株主に帰属する当期純利益は19,887百万円と前期比111.5％の大幅増益となりました。この結果，「中期経営計画2023」を1年前倒

(point) **設備の新設，除却等の計画**

　　ここでは今後，会社がどの程度の設備投資を計画しているか知ることができる。毎期どれくらいの設備投資を行っているか確認すると，技術等での競争力維持に積極的な姿勢かどうか，どのセグメントを重要視しているか分かる。また景気が悪化したときは設備投資額を減らす傾向にある。

しで達成いたしました。

a. 売上高

為替影響に加え，全てのカテゴリーで好調に推移したこともあり，売上高は484,601百万円と前期比19.9%の増収となりました。

b. 売上総利益

上記増収の影響により，240,706百万円と前期比20.4%の増益となりました。

c. 営業利益

上記増収の影響により，34,002百万円と前期比54.9%の増益となりました。

d. 経常利益

上記増収増益の影響などにより，経常利益は30,913百万円と前期比39.5%の増益となりました。

e. 親会社株主に帰属する当期純利益

感染症の影響による特別損失計上額が減少したことにより，19,887百万円と前期比111.5%の大幅増益となりました。

　カテゴリー別の業績は，次のとおりであります。
　なお，一部カテゴリーについて算出方法を変更したことに伴い，前連結会計年度の実績を組み替えて表示しております。

（単位：百万円）

（カテゴリー）	売上高			カテゴリー利益		
	前連結会計年度	当連結会計年度	増減額（△は減）	前連結会計年度	当連結会計年度	増減額（△は減）
パフォーマンスランニング	208,268	258,272	50,004	42,634	49,181	6,546
コアパフォーマンススポーツ	41,332	54,155	12,822	5,028	9,489	4,461
スポーツスタイル	33,252	43,466	10,213	4,310	6,425	2,114
アパレル・エクィップメント	34,115	35,278	1,162	△175	△1,645	△1,469
オニツカタイガー	38,545	43,011	4,465	4,963	7,399	2,436

a. パフォーマンスランニング

　売上高は，日本地域を除く全ての地域で好調に推移し，258,272百万円と前

(point) **株式の総数等**

　発行可能株式総数とは，会社が発行することができる株式の総数のことを指す。役員会では，株主総会の了承を得ないで，必要に応じてその株数まで，株を発行することができる。敵対的TOBでは，経営陣が，自社をサポートしてくれる側に，新株を第三者割り当てで発行して，買収を防止することがある。

期比24.0％の増収となりました。カテゴリー利益につきましては，上記増収や為替影響などにより，49,181百万円と前期比15.4％の増益となりました。

引き続き，商品力強化・マーケティング投資拡大により，マラソン・駅伝でのシェア拡大に向けた攻勢を継続してまいります。

b. コアパフォーマンススポーツ

売上高は，全ての地域で好調に推移し，54,155百万円と前期比31.0％の増収となりました。カテゴリー利益につきましては，上記増収や為替影響などにより，9,489百万円と前期比88.7％の増益となりました。

引き続き，契約選手や主要国際大会と連動したマーケティング活動や商品訴求を継続的に実施してまいります。

c. スポーツスタイル

売上高は，全ての地域で好調に推移し，43,466百万円と前期比30.7％の増収となりました。カテゴリー利益につきましては，上記増収や為替影響などにより，6,425百万円と前期比49.1％の増益となりました。

今後は，世界的に影響力を持つライフスタイルメディアであるHYPEBEASTの2022年ベスト・フットウェア・ブランドに選定されたことを背景に，グローバルでの売上拡大やブランド価値向上を図ってまいります。

d. アパレル・エクィップメント

売上高は，為替影響により，35,278百万円と前期比3.4％の増収となりました。カテゴリー損失につきましては，販売費及び一般管理費の増加などにより，1,645百万円となりました。

引き続き，「中期経営計画2023」最終年度としてランニング・トレーニングに経営資源を集中し，黒字化を目指してまいります。

e. オニツカタイガー

売上高は，上海などでの感染症による行動規制の影響で中華圏地域が減収となったものの，日本地域や東南・南アジア地域での好調により，43,011百万円と前期比11.6％の増収となりました。カテゴリー利益につきましては，上記増収や粗利益率の改善などにより，7,399百万円と前期比49.1％の増益となりました。

今後も，ミラノファッションショーでの発表やデジタルツールを活用したマー

ケティング活動により，ブランド認知および価値向上に努めてまいります。

報告セグメント別の経営成績等の状況に関する認識及び分析・検討内容は，次のとおりであります。

a. 日本地域

売上高は，コアパフォーマンススポーツやオニツカタイガーの好調により，123,402百万円と前期比12.3％の増収となりました。

セグメント利益につきましては，上記増収により，6,046百万円と前期比406.6％の大幅増益となりました。

引き続き，収益改善に向け，カテゴリー毎に適した戦略を立案，推進してまいります。また，ECビジネスの加速など，原価率の改善および販管費コントロールに努めてまいります。

b. 北米地域

売上高は，パフォーマンスランニングやコアパフォーマンススポーツの好調や為替影響により，105,331百万円と前期比22.2％の増収となりました。

セグメント利益につきましては，ECの売上増加に伴う販売費及び一般管理費の増加などにより，26百万円と前期比96.9％の減益となりました。

引き続き，当社の強みであるパフォーマンスランニングのビジネス拡充に注力し，ランニング専門店でのシェアNo.1を目指します。また，収益性の改善については，引き続きOneASICS会員数の拡大によるECチャネルの成長を進めると共に，商品構成の見直し，不採算店舗の削減，販管費コントロールに努めてまいります。

c. 欧州地域

売上高は，パフォーマンスランニングやスポーツスタイルが好調だったことにより，130,099百万円と前期比22.0％の増収となりました。

セグメント利益につきましては，上記増収や為替影響などにより，11,254百万円と前期比3.4％の増益となりました。

今後は，パフォーマンスランニングを中心に，引き続きマーケットシェアの拡大を図ります。また，2022年に買収したnjuko社を活用し，ロイヤルカスタマー

(point) **連結財務諸表等**

ここでは主に財務諸表の作成方法についての説明が書かれている。企業は大蔵省が定めた規則に従って財務諸表を作るよう義務付けられている。また金融商品法に従い，作成した財務諸表がどの監査法人によって監査を受けているかも明記されている。

の拡大を進め，デジタル戦略の更なる強化を継続してまいります。

d. 中華圏地域

売上高は，パフォーマンスランニングやスポーツスタイルが好調だったことにより，62,411百万円と前期比18.7％の増収となりました。

セグメント利益につきましては，上記増収や為替影響などにより，10,067百万円と前期比10.1％の増益となりました。

今後は，パフォーマンスランニングに注力をしながらも，スポーツを推進する政府方針を受け，コアパフォーマンススポーツを更に強化していくとともに，ECの更なる強化，及び直営店，パートナーストアの展開により，ビジネスの拡大，ブランド訴求を推進します。また，中国本部の機能を活用した，現地のニーズに適合した製品の企画・開発を継続的に強化してまいります。

e. オセアニア地域

売上高は，全てのカテゴリーが好調だったことにより，33,292百万円と前期比34.5％の増収となりました。

セグメント利益につきましては，上記増収の影響に加え，粗利益率の改善などにより，5,211百万円と前期比55.7％の増益となりました。

今後は，更なる収益性の改善を図るため，直営店舗およびECチャネルの拡大に努めてまいります。また，2021年に買収したレース登録サイトRegister Nowの活用も含めて，引き続き豪州におけるパフォーマンスランニング市場No.1のブランドの地位を堅持してまいります。

f. 東南・南アジア地域

売上高は，全てのカテゴリーが好調だったことにより，18,448百万円と前期比69.2％の増収となりました。

セグメント利益につきましては，上記増収の影響に加え，粗利益率の改善などにより，2,984百万円と前期比209.5％の大幅増益となりました。

今後は，東南アジアにおいてはパフォーマンスランニング，オニツカタイガーに注力し，収益性の改善を図るため，直営店舗及びECチャネルの拡大に努めてまいります。インドにおいては引き続きパートナーストアとオンライン販売の更なる拡大を進めると共に，収益性向上やブランド強化を目的とした，将来的な直

(point) 連結財務諸表

ここでは貸借対照表(またはバランスシート，BS)，損益計算書(PL)，キャッシュフロー計算書の詳細を調べることができる。あまり会計に詳しくない場合は，最低限，損益計算書の売上と営業利益を見ておけばよい。可能ならば，その数字が過去5年，10年の間にどのように変化しているか調べると会社への理解が深まるだろう。

営事業展開の為に外資規制で求められている要件を満たすべく，今後も現地生産の拡大に努めてまいります。

g. その他地域

　売上高は，パフォーマンスランニングやスポーツスタイルが好調だったことにより，43,630百万円と前期比24.2％の増収となりました。

　セグメント利益につきましては，上記増収の影響などにより，3,646百万円と前期比102.9％の大幅増益となりました。

　南米では引き続き健全な利益を創出するために，ブラジルの継続的な伸長に加え，他の南米諸国での成長を加速させることで，事業規模を拡大してまいります。また，収益改善に向けたECチャネルの拡大，および，現地生産を活用し，現地ニーズへの迅速な対応や原価率の改善に努めてまいります。

(2)　キャッシュ・フローの状況 ……………………………………………

　キャッシュ・フローにおきましては，営業活動によるキャッシュ・フローが好調な販売を見込み手元棚卸資産を積み増しした結果，当連結会計年度末における現金及び現金同等物（以下「資金」という。）は，65,804百万円と前期比29,471百万円減少しました。

　当連結会計年度における各キャッシュ・フローの状況とそれらの要因は次のとおりであります。

（営業活動によるキャッシュ・フロー）

　営業活動の結果使用した資金は21,427百万円（前年同期は49,146百万円の獲得）となりました。

　支出の主な内訳は，棚卸資産の増加額47,764百万円，売上債権の増加額14,684百万円，法人税等の支払額11,356百万円です。

（投資活動によるキャッシュ・フロー）

　投資活動の結果使用した資金は14,481百万円となり，前期比4,314百万円の支出増加となりました。

　支出の主な内訳は，無形固定資産の取得による支出8,030百万円，有形固定資産の取得による支出3,253百万円です。

（財務活動によるキャッシュ・フロー）

　財務活動の結果得られた資金は2,314百万円（前年同期は25,968百万円の使用）となりました。

　収入の主な内訳は，短期借入金の純増額16,800百万円であり，支出の主な内訳は，リース債務の返済による支出9,137百万円，配当金の支払額5,126百万円です。

キャッシュ・フロー指標のトレンド

	2018年12月期	2019年12月期	2020年12月期	2021年12月期	2022年12月期
自己資本比率（％）	54.1	48.0	37.9	42.2	40.1
時価ベースの自己資本比率（％）	87.1	105.0	108.8	135.0	125.6
キャッシュ・フロー対有利子負債比率（年）	2.5	5.4	6.4	2.2	△6.5
インタレスト・カバレッジ・レシオ	13.8	11.5	11.6	28.7	△8.6

(注) 自己資本比率：自己資本／総資産

　　時価ベースの自己資本比率：株式時価総額／総資産

　　キャッシュ・フロー対有利子負債比率：有利子負債／営業キャッシュ・フロー

　　インタレスト・カバレッジ・レシオ：営業キャッシュ・フロー／利払い

1. 各指標はいずれも連結ベースの財務数値により計算しております。
2. 株式時価総額は，期末株価終値×期末発行済株式数（自己株式控除後）により算出しております。
3. 営業キャッシュ・フローは，連結キャッシュ・フロー計算書の営業活動によるキャッシュ・フローを使用しております。有利子負債は連結貸借対照表に計上されている負債のうち利子を支払っている全ての負債を対象としております。また，利払いにつきましては，連結キャッシュ・フロー計算書の利息の支払額を使用しております。

（3）　資本の財源および資金の流動性についての分析 ‥‥‥‥‥‥‥‥‥‥‥‥‥‥‥‥

　当社グループの資金運営は，営業キャッシュ・フローで獲得した資金を主な財源としております。また，当社グループは，事業活動を行うための資金の調達に際し，低コストで安定的な資金の確保を重視しております。当連結会計年度末の有利子負債は139,799百万円であります。

　資金効率の向上と金融費用の削減，ならびに財務面のグループガバナンス強化を目的として，グローバル・キャッシュ・マネジメント・システム（グローバルCMS）を2016年3月より金融機関と構築しており，グローバルCMS参加グループ会社を一体とみなして資金の預入および借入を行っております。これに伴い，

従来当社から行っておりました一部子会社への貸付けを解消いたしました。当該グローバルCMSにおいて，預入金および借入金の相殺表示を行うためのすべての要件を満たしているため，相殺表示を行っております。なお，当連結会計年度末の相殺金額は45,037百万円であります。

(4) 経営方針・経営戦略，経営上の目標の達成状況を判断するための客観的な指標等の達成・進捗状況

当社グループは10年先を見据えた「VISION2030」を制定し，2023年12月期を最終年度とする中期経営計画で「連結営業利益250億円」「連結営業利益率6.0%以上」「ROA4.0%」を数値目標に設定しております。

当連結会計年度は，パフォーマンスランニングの売上高が全ての地域で増収となったことや，コアパフォーマンススポーツの売上高がテニスにおけるシェアNo.1となった北米，欧州などに牽引される形で大幅増収となったことに加え，EC売上高構成比の上昇による粗利益率改善などにより，売上高，営業利益ともに過去最高額を記録しました。その結果，営業利益は34,002百万円（前期比54.9%改善），営業利益率は7.0%（前期比1.6ppt改善），ROAは5.2%（前期比2.4ppt改善）と，「中期経営計画2023」を1年前倒しで達成いたしました。

中期経営計画の最終年度である2023年は，積極的なデジタル投資により，顧客接点の拡大や他企業との連携を通じ，ランニングエコシステムの拡大に努め，製品以外の事業ドメインにおいても更なるサービスの充実と収益拡大に取り組んでまいります。

(5) 重要な会計上の見積りおよび当該見積りに用いた仮定

当社グループの連結財務諸表は，日本において一般に公正妥当と認められている会計基準に基づき作成されております。

連結財務諸表の作成に当たって用いた会計上の見積り及び当該見積りに用いた仮定のうち，重要なものについては，「第5 経理の状況 1 連結財務諸表等（1）連結財務諸表 注記事項（重要な会計上の見積り）」に記載のとおりであります。

設備の状況

1　設備投資等の概要

　当社グループでは，経営資源を成長分野に重点投入することを基本としており，主に製品の機能向上，品質向上のほか合理化，省力化のための投資およびEコマース事業拡大のための投資を行っております。当連結会計年度の設備投資額は10,570百万円でした。主なものをセグメント毎に示すと，次のとおりであります。

　欧州地域における投資額は906百万円で，経常的な設備の更新に伴う投資であります。

　全社（共通）などにおける投資額は7,103百万円で，グローバル事業展開を支援する基幹システムおよびEコマースシステムなどであります。

2　主要な設備の状況

　当社グループにおける主要な設備は，以下のとおりであります。

（1）　提出会社

2022年12月31日現在

| 事業所名
（所在地） | セグメント
区分 | 設備の内容 | 帳簿価額（百万円） | | | | | | | 従業員数
（人） |
			建物及び 構築物	機械装置 及び 運搬具	工具， 器具及び 備品	土地 （面積㎡）	リース 資産	ソフト ウエア	合計	
本社 （兵庫県神戸市中央区）	全社 （共通）等	統括業務 施設ほか	1,967	0	78	946 (6,615)	48	11,031	14,072	588
アシックスジャパン㈱　本社 （東京都江東区）	日本地域	販売業務 施設	2,467	－	6	1,215 (2,732)	－	5	3,694	138

（注）1．従業員数は，当該事業所に勤務している提出会社の従業員を記載しております。

　　　2．上記帳簿価額には，建設仮勘定を含んでおりません。

（2）　国内子会社

　該当事項はありません。

（3） 在外子会社 ・・・

会社名	事業所名 (所在地)	セグメント 区分	設備の内容	帳簿価額（百万円）						従業員数 (人)
				建物及び 構築物	機械装置 及び 運搬具	工具、 器具及び 備品	土地 (面積㎡)	使用権 資産	合計	
アシックスアメリカ コーポレーション	バイヘリア配 送センター （米国ミシシ ッピ州）	北米地域	物流倉庫	125	－	50	－	2,429	2,604	136

(注) 上記帳簿価額には，建設仮勘定を含んでおりません。

3 設備の新設，除却等の計画

（1） 重要な設備の新設の計画 ・・・

経常的な設備の新設を除き，重要な設備の新設の計画はありません。

（2） 重要な設備の除却等の計画 ・・・

経常的な設備の更新のための除却等を除き，重要な設備の除却等の計画はありません。

提出会社の状況

1 株式等の状況

（1） 株式の総数等 ···

① 株式の総数

種類	発行可能株式総数（株）
普通株式	790,000,000
計	790,000,000

② 発行済株式

種類	事業年度末現在発行数 （株） （2022年12月31日）	提出日現在発行数 （株） （2023年3月27日）	上場金融商品取引所名 又は登録認可金融商品 取引業協会名	内容
普通株式	189,870,559	189,870,559	東京証券取引所 プライム市場	単元株式数 100株
計	189,870,559	189,870,559	―	―

■ 経理の状況

1．連結財務諸表及び財務諸表の作成方法について ·······························

（1）　当社の連結財務諸表は，「連結財務諸表の用語，様式及び作成方法に関する規則」（昭和51年大蔵省令第28号）に基づいて作成しております。

（2）　当社の財務諸表は，「財務諸表等の用語，様式及び作成方法に関する規則」（昭和38年大蔵省令第59号。以下「財務諸表等規則」という。）に基づいて作成しております。

　　また，当社は，特例財務諸表提出会社に該当し，財務諸表等規則第127条の規定により財務諸表を作成しております。

2．監査証明について ···

　　当社は，金融商品取引法第193条の2第1項の規定に基づき，連結会計年度（自2022年1月1日　至　2022年12月31日）の連結財務諸表及び事業年度（自2022年1月1日　至　2022年12月31日）の財務諸表について，EY新日本有限責任監査法人により監査を受けております。

3．連結財務諸表等の適正性を確保するための特段の取組みについて ···············

　　当社は，連結財務諸表等の適正性を確保するための特段の取組みを行っております。具体的には，会計基準等の内容を適切に把握し，または会計基準等の変更等について的確に対応することができる体制を整備するため，公益財団法人財務会計基準機構へ加入し，セミナーへ参加しております。

（1）　連結財務諸表 ···

① 連結貸借対照表

（単位：百万円）

	前連結会計年度 （2021年12月31日）	当連結会計年度 （2022年12月31日）
資産の部		
流動資産		
現金及び預金	96,298	67,383
受取手形及び売掛金	50,135	※1 70,692
商品及び製品	79,155	132,588
仕掛品	297	229
原材料及び貯蔵品	594	2,765
その他	19,123	25,358
貸倒引当金	△2,471	△2,895
流動資産合計	243,133	296,122
固定資産		
有形固定資産		
建物及び構築物	36,056	36,392
減価償却累計額	△22,736	△23,822
建物及び構築物（純額）	13,320	12,569
機械装置及び運搬具	5,267	5,441
減価償却累計額	△3,334	△3,705
機械装置及び運搬具（純額）	1,933	1,736
工具、器具及び備品	30,201	34,067
減価償却累計額	△27,313	△30,121
工具、器具及び備品（純額）	2,888	3,945
土地	5,747	5,877
リース資産	7,443	2,010
減価償却累計額	△4,616	△1,418
リース資産（純額）	2,826	591
建設仮勘定	675	519
有形固定資産合計	27,391	25,240
無形固定資産		
のれん	2,856	7,144
ソフトウエア	8,422	19,624
使用権資産	23,960	35,582
その他	11,604	7,816
無形固定資産合計	46,843	70,167
投資その他の資産		
投資有価証券	※2,※3 10,219	※2,※3 11,843
長期貸付金	41	35
繰延税金資産	8,509	11,700
その他	※2 10,825	※2 11,205
貸倒引当金	△1,189	△1,247
投資その他の資産合計	28,404	33,536
固定資産合計	102,640	128,944
資産合計	345,773	425,067

	前連結会計年度 （2021年12月31日）	当連結会計年度 （2022年12月31日）
負債の部		
流動負債		
支払手形及び買掛金	30,459	44,670
短期借入金	5,200	22,036
1年内償還予定の社債	—	15,000
リース債務	8,173	11,937
未払費用	25,500	27,580
未払法人税等	4,328	2,531
未払消費税等	1,729	976
返品調整引当金	277	—
賞与引当金	460	727
資産除去債務	73	61
その他	11,495	※4 25,109
流動負債合計	87,699	150,632
固定負債		
社債	70,000	55,000
長期借入金	2,500	2,862
リース債務	24,600	32,963
繰延税金負債	1,471	2,325
退職給付に係る負債	7,330	3,789
資産除去債務	1,544	1,823
その他	4,089	2,940
固定負債合計	111,536	101,704
負債合計	199,235	252,337
純資産の部		
株主資本		
資本金	23,972	23,972
資本剰余金	15,571	15,655
利益剰余金	110,205	121,266
自己株式	△10,018	△9,834
株主資本合計	139,731	151,060
その他の包括利益累計額		
その他有価証券評価差額金	1,830	3,073
繰延ヘッジ損益	4,923	6,153
為替換算調整勘定	△193	11,245
退職給付に係る調整累計額	△211	△917
その他の包括利益累計額合計	6,349	19,554
新株予約権	313	295
非支配株主持分	143	1,819
純資産合計	146,537	172,729
負債純資産合計	345,773	425,067

② 連結損益計算書及び連結包括利益計算書

連結損益計算書

（単位：百万円）

	前連結会計年度 （自 2021年1月1日 至 2021年12月31日）	当連結会計年度 （自 2022年1月1日 至 2022年12月31日）
売上高	404,082	※1 484,601
売上原価	204,250	243,894
返品調整引当金戻入額	277	－
返品調整引当金繰入額	231	
売上総利益	199,878	240,706
販売費及び一般管理費	※2,※3 177,932	※2,※3 206,704
営業利益	21,945	34,002
営業外収益		
受取利息	384	1,378
受取配当金	229	264
為替差益	398	－
補助金収入	606	879
過年度社会負担金還付額	618	－
債務免除益	－	551
その他	1,112	1,270
営業外収益合計	3,350	4,343
営業外費用		
支払利息	1,723	2,662
為替差損	－	2,581
譲渡制限付株式関連費用	179	－
貸倒引当金繰入額	417	－
海外事業関連損失	－	754
その他	809	1,434
営業外費用合計	3,129	7,431
経常利益	22,166	30,913
特別利益		
固定資産売却益	50	634
投資有価証券売却益	63	1
特別利益合計	114	635
特別損失		
固定資産売却損	56	68
固定資産除却損	151	322
投資有価証券売却損	2	3
投資有価証券評価損	129	299
減損損失	※4 1,996	※4 1,827
割増退職金	※5 107	
店舗休止等損失	※6 5,541	※6 192
賃貸借契約解約損	※7 172	※7 132
特別損失合計	8,159	2,846
税金等調整前当期純利益	14,120	28,703
法人税、住民税及び事業税	6,748	11,418
法人税等調整額	△2,007	△2,725
法人税等合計	4,740	8,693
当期純利益	9,380	20,009
非支配株主に帰属する当期純利益 又は非支配株主に帰属する当期純損失（△）	△22	122
親会社株主に帰属する当期純利益	9,402	19,887

連結包括利益計算書

（単位：百万円）

	前連結会計年度 （自 2021年1月1日 至 2021年12月31日）	当連結会計年度 （自 2022年1月1日 至 2022年12月31日）
当期純利益	9,380	20,009
その他の包括利益		
その他有価証券評価差額金	489	1,242
繰延ヘッジ損益	8,318	1,230
為替換算調整勘定	7,741	11,449
退職給付に係る調整額	103	△706
その他の包括利益合計	※ 16,653	※ 13,215
包括利益	26,033	33,225
（内訳）		
親会社株主に係る包括利益	26,031	33,092
非支配株主に係る包括利益	1	133

③ 連結株主資本等変動計算書

前連結会計年度（自　2021年1月1日　至　2021年12月31日）

（単位：百万円）

	株主資本					その他の包括利益累計額	
	資本金	資本剰余金	利益剰余金	自己株式	株主資本合計	その他有価証券評価差額金	繰延ヘッジ損益
当期首残高	23,972	15,481	107,392	△10,344	136,501	1,340	△3,395
当期変動額							
剰余金の配当			△6,589		△6,589		
親会社株主に帰属する当期純利益			9,402		9,402		
自己株式の取得				△6	△6		
自己株式の処分		89		333	422		
株主資本以外の項目の当期変動額（純額）					−	489	8,318
当期変動額合計	−	89	2,813	326	3,229	489	8,318
当期末残高	23,972	15,571	110,205	△10,018	139,731	1,830	4,923

	その他の包括利益累計額			新株予約権	非支配株主持分	純資産合計
	為替換算調整勘定	退職給付に係る調整累計額	その他の包括利益累計額合計			
当期首残高	△7,911	△314	△10,280	398	143	126,763
当期変動額						
剰余金の配当			−			△6,589
親会社株主に帰属する当期純利益			−			9,402
自己株式の取得			−			△6
自己株式の処分			−			422
株主資本以外の項目の当期変動額（純額）	7,718	103	16,629	△85	0	16,544
当期変動額合計	7,718	103	16,629	△85	0	19,774
当期末残高	△193	△211	6,349	313	143	146,537

当連結会計年度（自　2022年1月1日　至　2022年12月31日）

（単位：百万円）

	株主資本					その他の包括利益累計額	
	資本金	資本剰余金	利益剰余金	自己株式	株主資本合計	その他有価証券評価差額金	繰延ヘッジ損益
当期首残高	23,972	15,571	110,205	△10,018	139,731	1,830	4,923
会計方針の変更による累積的影響額			△3,699		△3,699		
会計方針の変更を反映した当期首残高	23,972	15,571	106,506	△10,018	136,032	1,830	4,923
当期変動額							
剰余金の配当			△5,127		△5,127		
親会社株主に帰属する当期純利益			19,887		19,887		
自己株式の取得				△4	△4		
自己株式の処分		84		187	272		
株主資本以外の項目の当期変動額（純額）					−	1,242	1,230
当期変動額合計	−	84	14,760	183	15,028	1,242	1,230
当期末残高	23,972	15,655	121,266	△9,834	151,060	3,073	6,153

	その他の包括利益累計額			新株予約権	非支配株主持分	純資産合計
	為替換算調整勘定	退職給付に係る調整累計額	その他の包括利益累計額合計			
当期首残高	△193	△211	6,349	313	143	146,537
会計方針の変更による累積的影響額			−			△3,699
会計方針の変更を反映した当期首残高	△193	△211	6,349	313	143	142,838
当期変動額						
剰余金の配当			−			△5,127
親会社株主に帰属する当期純利益			−			19,887
自己株式の取得			−			△4
自己株式の処分			−			272
株主資本以外の項目の当期変動額（純額）	11,438	△706	13,204	△17	1,675	14,863
当期変動額合計	11,438	△706	13,204	△17	1,675	29,891
当期末残高	11,245	△917	19,554	295	1,819	172,729

④ 連結キャッシュ・フロー計算書

（単位：百万円）

	前連結会計年度 （自　2021年1月1日 至　2021年12月31日）	当連結会計年度 （自　2022年1月1日 至　2022年12月31日）
営業活動によるキャッシュ・フロー		
税金等調整前当期純利益	14,120	28,703
減価償却費	14,051	16,000
減損損失	1,996	1,827
のれん償却額	296	417
貸倒引当金の増減額（△は減少）	911	171
退職給付に係る負債の増減額（△は減少）	398	△4,621
賞与引当金の増減額（△は減少）	136	60
投資有価証券評価損益（△は益）	129	299
投資有価証券売却損益（△は益）	△61	2
受取利息及び受取配当金	△614	△1,642
支払利息	1,723	2,662
為替差損益（△は益）	△126	△2
固定資産除売却損益（△は益）	158	△244
その他の損益（△は益）	△822	△1,524
売上債権の増減額（△は増加）	3,878	△14,684
棚卸資産の増減額（△は増加）	12,943	△47,764
その他の資産の増減額（△は増加）	3,282	△1,571
仕入債務の増減額（△は減少）	△4,759	9,338
未払消費税等の増減額（△は減少）	579	△862
その他の負債の増減額（△は減少）	5,458	4,441
小計	53,680	△8,991
利息及び配当金の受取額	380	1,426
利息の支払額	△1,712	△2,505
法人税等の支払額	△3,202	△11,356
営業活動によるキャッシュ・フロー	49,146	△21,427
投資活動によるキャッシュ・フロー		
定期預金の預入による支出	△71	△1,270
定期預金の払戻による収入	170	825
有形固定資産の取得による支出	△3,251	△3,253
有形固定資産の除却による支出	△54	△191
有形固定資産の売却による収入	365	1,231
無形固定資産の取得による支出	△6,322	△8,030
無形固定資産の売却による収入	18	2
投資有価証券の取得による支出	△800	△251
投資有価証券の売却及び償還による収入	233	24
投資事業組合からの分配による収入	180	124
連結の範囲の変更を伴う子会社株式の取得による支出	△208	※2　△2,511
短期貸付金の純増減額（△は増加）	△2	△4
長期貸付けによる支出	△6	△7
長期貸付金の回収による収入	15	13
投資その他の資産の増減額（△は増加）	△433	△1,182
投資活動によるキャッシュ・フロー	△10,167	△14,481

	前連結会計年度 （自　2021年1月1日 至　2021年12月31日）	当連結会計年度 （自　2022年1月1日 至　2022年12月31日）
財務活動によるキャッシュ・フロー		
短期借入金の純増減額（△は減少）	△1,027	16,800
長期借入金の返済による支出	△15	△216
社債の発行による収入	9,954	－
社債の償還による支出	△20,000	－
自己株式の取得による支出	△6	△4
自己株式の売却による収入	0	0
リース債務の返済による支出	△8,285	△9,137
配当金の支払額	△6,589	△5,126
非支配株主への配当金の支払額	△0	－
財務活動によるキャッシュ・フロー	△25,968	2,314
現金及び現金同等物に係る換算差額	1,792	4,123
現金及び現金同等物の増減額（△は減少）	14,801	△29,471
現金及び現金同等物の期首残高	80,474	95,275
現金及び現金同等物の期末残高	※1 95,275	※1 65,804

【注記事項】

（連結財務諸表作成のための基本となる重要な事項）

1．連結の範囲に関する事項 ･･

（1）　連結子会社の数 ･･･

前期64社　当期66社

主要な連結子会社の名称

「第1　企業の概況　4．関係会社の状況」に記載しているため省略いたしました。

当連結会計年度において新たに子会社を1社設立したこと，子会社2社の株式を取得したことに伴い，連結の範囲に含めております。

また，前連結会計年度において連結子会社であった1社は清算したため，連結の範囲から除いております。

（2）　主要な非連結子会社の名称等 ･･････････････････････････････････

主要な非連結子会社

亜瑟士商事股份有限公司

連結の範囲から除いた理由

非連結子会社はいずれも小規模であり，各社の総資産，売上高，当期純損益（持分に見合う額）および利益剰余金（持分に見合う額）は，いずれも連結

(point) **財務諸表**

この項目では，連結ではなく単体の貸借対照表と，損益計算書の内訳を確認することができる。連結＝単体＋子会社なので，会社によっては単体の業績を調べて連結全体の業績予想のヒントにする場合があるが，あまりその必要性がある企業は多くない。

財務諸表に重要な影響を及ぼしていないため，連結の範囲から除いております。

2．持分法の適用に関する事項 ・・

（1）　持分法を適用した非連結子会社数 ・・・
0社

（2）　持分法を適用した関連会社数 ・・
0社

**（3）　持分法を適用しない非連結子会社および関連会社のうち主要な会社等の名
　　称** ・・
亜瑟士商事股份有限公司

持分法を適用しない理由

　持分法非適用会社はそれぞれ当期純損益（持分に見合う額）および利益剰余金（持分に見合う額）等に及ぼす影響が軽微であり，かつ全体としても重要性がないため，持分法の適用から除外しております。

3．連結子会社の事業年度等に関する事項 ・・
連結子会社の決算日は，連結決算日と一致しております。

4．会計方針に関する事項 ・・

（1）　重要な資産の評価基準及び評価方法 ・・・・・・・・・・・・・・・・・・・・・・・・・・・・・・・・・・・・・・・

①　有価証券 ・・・
その他有価証券

市場価格のない株式等以外のもの

　時価法（評価差額は全部純資産直入法により処理し，売却原価は移動平均法により算定））

市場価格のない株式等

　移動平均法による原価法

　ただし，債券につきましては，償却原価法なお，投資事業有限責任組合

およびそれに類する組合への出資（金融商品取引法第2条第2項により有価証券とみなされるもの）については，組合契約に規定される決算報告日に応じて入手可能な最近の決算書を基礎とし，持分相当額を純額で取り込む方法

② **デリバティブ取引により生ずる正味の債権及び債務** ………………………
時価法

③ **棚卸資産** ……………………………………………………………………………
商品及び製品，仕掛品，原材料及び貯蔵品
主として移動平均法による原価法（貸借対照表価額につきましては収益性の低下に基づく簿価切下げの方法）

(2) 重要な減価償却資産の減価償却の方法 …………………………………
① **有形固定資産（リース資産を除く）** ………………………………………
当社および国内連結子会社は，定率法
ただし，1998年4月1日以降に取得した建物（建物附属設備を除く）ならびに2016年4月1日以降に取得した建物附属設備及び構築物につきましては，定額法
在外連結子会社は，定額法
なお，主要な耐用年数は，以下のとおりであります。
建物及び構築物　……2年～50年
機械装置及び運搬具……2年～17年
工具，器具及び備品……2年～20年
② **無形固定資産（リース資産を除く）** ………………………………………
定額法
自社利用のソフトウエアにつきましては，社内における利用可能期間（10年以内）に基づく定額法
また，企業結合によって資産および負債を時価にて再評価したことにより計上した無形固定資産の主なものにはブランド，顧客基盤等があり，償却年数は10年～24年であります。

③　リース資産 ･･

　所有権移転外ファイナンス・リース取引に係るリース資産

　　リース期間を耐用年数とし，残存価額を零とする定額法

　所有権移転ファイナンス・リース取引に係るリース資産

　　自己所有の固定資産に適用する減価償却方法と同一の方法

　使用権資産

　　リース期間に基づく定額法

(3)　重要な引当金の計上基準 ･･

①　貸倒引当金 ･･

　当社および国内連結子会社は，売上債権等の貸倒損失に備えるため，一般債権につきましては貸倒実績率により，貸倒懸念債権等特定の債権につきましては個別に債権の回収可能性を勘案し，回収不能見込額を計上しております。在外連結子会社は主として個別判定で計上することにしております。

②　賞与引当金 ･･

　従業員に対して支給する賞与の支出に備えるため，支給見込額に基づき当連結会計年度負担額を計上しております。

(4)　退職給付に係る会計処理の方法 ･･

①　退職給付見込額の期間帰属方法 ･･

　退職給付債務の算定にあたり，退職給付見込額を当連結会計年度末までの期間に帰属させる方法については，給付算定式基準によっております。

②　過去勤務費用および数理計算上の差異の費用処理方法 ･･････････････････････

　過去勤務費用については，その発生時における従業員の平均残存勤務期間以内の一定の年数による定額法により費用処理しております。

　数理計算上の差異については，各連結会計年度の発生時における従業員の平均残存勤務期間以内の一定の年数による定額法により按分した額をそれぞれ発生の翌連結会計年度から費用処理することとしております。なお，一部の連結子会社は発生連結会計年度より費用処理することとしております。

③ **小規模企業等における簡便法の採用** ･･･

　一部の連結子会社は，退職給付に係る負債および退職給付費用の計算に，退職
給付に係る期末自己都合要支給額を退職給付債務とする方法を用いた簡便法を適
用しております。

(5)　重要な収益及び費用の計上基準 ･･

　主要な事業における主な履行義務の内容および収益を認識する時点は以下のと
おりであります。

① **商品及び製品の販売** ･･

　スポーツ用品等販売事業においては，主にスポーツ用品等の製造および販売を
行っております。このような商品及び製品の販売については，顧客と合意した地
点に商品及び製品が到着した時点で，履行義務が充足されたと判断し収益を認識
しております。

② **スポーツ施設運営事業** ･･

　スポーツ施設運営事業においては，主に長期のスポーツ施設の運営および運営
受託を行っております。当該契約については，一定の期間にわたり履行義務が充
足されると判断し，役務を提供する期間にわたり収益を認識しております。

(6)　重要なヘッジ会計の方法 ･･

① **ヘッジ会計の方法** ･･

　繰延ヘッジ処理によっております。

　なお，為替予約が付されている外貨建金銭債権債務等につきましては，振当処
理の要件を満たしている場合には，振当処理を行っております。

　また，特例処理の要件を満たす金利スワップ取引につきましては，特例処理を
採用しております。

② **ヘッジ手段とヘッジ対象** ･･

ヘッジ手段

　デリバティブ取引（為替予約取引，通貨オプション取引，金利スワップ取引）

ヘッジ対象

　為替予約および通貨オプションにつきましては，主に外貨建輸入取引の為替変動リスクを，金利スワップにつきましては，資金調達取引の金利変動リスクをヘッジ対象としております。

③　ヘッジ方針 ……………………………………………………………………………

　当社グループは，主に製品の輸入による買入債務等の為替レート変動によるリスクをヘッジする目的で外国為替の実需の範囲内で為替予約取引および通貨オプション取引を行うものとしております。

　また，借入金および社債に係る金利の将来の変動に対する有効な管理手段として，金利スワップ取引を行うものとしております。

④　ヘッジ有効性評価の方法 …………………………………………………………

　為替予約につきましては，過去の取引実績および今後の取引の実行可能性を総合的に勘案し，ヘッジ対象としての適格性を検討することにより，有効性の評価を実施しております。

　金利スワップおよび通貨オプションにつきましては，原則として，ヘッジの開始時から有効性判定時点までの期間において，ヘッジ対象のキャッシュ・フローの変動の累計額とヘッジ手段のキャッシュ・フローの変動の累計額とを比較し，その比率を基礎に判断しておりますが，契約の内容等によりヘッジに高い有効性が明らかに認められる場合につきましては有効性の判定を省略しております。

（7）　のれんの償却方法及び償却期間 ………………………………………………

　のれんの償却につきましては，発生年度以降20年以内のその効果の及ぶ期間にわたって均等償却しております。

（8）　連結キャッシュ・フロー計算書における資金の範囲 ……………………

　手許現金，要求払預金および取得日から3か月以内に満期日の到来する流動性の高い，容易に換金可能であり，かつ，価値の変動について僅少なリスクしか負わない短期的な投資からなっております。

（9）　その他連結財務諸表作成のための重要な事項 ································

①　連結納税制度の適用 ··

　当社および一部の連結子会社は連結納税制度を適用しております。

②　連結納税制度からグループ通算制度への移行に係る税効果会計の適用 ·······

　当社および一部の国内連結子会社は，翌連結会計年度から，連結納税制度からグループ通算制度へ移行することとなります。ただし，「所得税法等の一部を改正する法律」（令和2年法律第8号）において創設されたグループ通算制度への移行およびグループ通算制度への移行にあわせて単体納税制度の見直しが行われた項目については，「連結納税制度からグループ通算制度への移行に係る税効果会計の適用に関する取扱い」（実務対応報告第39号 2020年3月31日）第3項の取扱いにより，「税効果会計に係る会計基準の適用指針」（企業会計基準適用指針第28号 2018年2月16日）第44項の定めを適用せず，繰延税金資産および繰延税金負債の額について，改正前の税法の規定に基づいております。

　なお，翌連結会計年度の期首から，グループ通算制度を適用する場合における法人税および地方法人税並びに税効果会計の会計処理および開示の取扱いを定めた「グループ通算制度を適用する場合の会計処理及び開示に関する取扱い」（実務対応報告第42号 2021年8月12日）を適用する予定であります。

（重要な会計上の見積り）

（1） 繰延税金資産の回収可能性 ·······································

① 当連結会計年度の連結財務諸表に計上した金額 ·······················

（単位：百万円）

	前連結会計年度	当連結会計年度
連結グループ全体		
将来減算一時差異等に係る繰延税金資産の総額	27,963	36,016
上記に係る評価性引当額	△15,219	△16,096
繰延税金負債との相殺前の繰延税金資産	12,743	19,920
繰延税金負債との相殺後の繰延税金資産	7,037	9,374
連結グループ全体の内、国内連結納税会社に係るもの		
将来減算一時差異等に係る繰延税金資産の総額	14,550	14,440
上記に係る評価性引当額	△8,093	△5,524
繰延税金負債との相殺前の繰延税金資産	6,456	8,916
繰延税金負債との相殺後の繰延税金資産	4,144	5,826

② 識別した項目に係る重要な会計上の見積りの内容に関する情報 ··············

a. 当連結会計年度の連結財務諸表に計上した金額の算出方法

　繰延税金資産の認識に際しては，将来獲得しうる課税所得の時期および金額を合理的に見積り，金額を算定しております。

b. 当連結会計年度の連結財務諸表に計上した金額の算出に用いた主要な仮定

　将来獲得しうる課税所得の基礎となる将来の事業計画には現在の経営環境と今後の見通しを踏まえた売上予測や販管費コントロールの見込みが含まれ，経営者の判断を伴う主要な仮定により影響を受けます。

　主要な仮定は，成長率および主要な国内販売子会社であるアシックスジャパン株式会社の見込販売数量や販売価格であります。

　なお，訪日外国人旅行者数など，新型コロナウイルス感染症の社会的影響は現時点において回復途上にありますが，2023年12月期以降に更に正常化が進むという見通しとしております。

c. 翌連結会計年度の連結財務諸表に与える影響

　経営者は，上記の仮定は妥当なものと考えておりますが，将来の不確実な経済条件の変動の結果によって影響を受ける可能性があり，将来の課税所得の結果が

予測・仮定と異なる場合は，繰延税金資産の計上額に重要な影響を与える可能性があります。

（2）　無形固定資産およびのれん ···
①　当連結会計年度の連結財務諸表に計上した金額 ·····························

商標権	578百万円
顧客関連資産	2,333百万円
技術関連資産	306百万円
のれん	7,144百万円

②　識別した項目に係る重要な会計上の見積りの内容に関する情報 ·············

a.　当連結会計年度の連結財務諸表に計上した金額の算出方法

　当社グループは，当連結会計年度において，株式会社アールビーズの株式を取得しております。この企業結合により計上した無形固定資産およびのれんは，取得原価を企業結合日における識別可能な資産および負債に配分し算定しております。

　企業結合により識別した無形固定資産の時価については，外部の専門家を利用し，企業価値評価で用いられた事業計画を基礎に，無形固定資産から生み出すことが期待される将来キャッシュ・フローを割り引くインカム・アプローチにより算出しております。

　商標権および技術関連資産は，インカム・アプローチのうちロイヤリティ免除法を評価モデルとし，顧客関連資産は，インカム・アプローチのうち超過収益法を評価モデルとしております。

　のれんについては，取得原価と無形固定資産等を含む企業結合日における識別可能な資産および負債に対して配分した額との差額となります。

b.　当連結会計年度の連結財務諸表に計上した金額の算出に用いた主要な仮定

　識別可能な顧客関連資産の時価評価の算出は，経営者の判断を伴う主要な仮定により影響を受けます。

　主要な仮定は，顧客関連資産の算定で使用する事業計画のイベント大会の開催数およびキャピタルチャージコストを算出する際の期待収益率です。イベント大会の開催数は，2019年度の新型コロナウイルス感染症拡大前の水準まで戻ると

する仮定を置いております。また，期待収益率は，加重平均資本コスト（WACC）を賄うように設定しております。

c. 翌連結会計年度の連結財務諸表に与える影響

経営者は，上記の仮定は妥当なものと考えておりますが，将来の不確実な経済条件の変動により影響を受ける可能性があり，仮定の見直しが必要となった場合には無形固定資産およびのれんの金額に重要な影響を与える可能性があります。

（会計方針の変更）

（収益認識に関する会計基準等の適用）

「収益認識に関する会計基準」（企業会計基準第29号 2020年3月31日。以下「収益認識会計基準」という。）等を当連結会計年度の期首から適用し，約束した財又はサービスの支配が顧客に移転した時点で，当該財又はサービスと交換に受け取ると見込まれる金額で収益を認識することといたしました。

収益認識会計基準等の適用による主な変更点は以下のとおりです。

① **製商品の販売に係る収益認識** ‥‥‥‥‥‥‥‥‥‥‥‥‥‥‥‥‥‥‥‥

製商品の販売について，従来は，出荷時点で収益認識しておりましたが，着荷時点で収益認識する方法に変更しております。

② **値引およびリベートに係る収益認識** ‥‥‥‥‥‥‥‥‥‥‥‥‥‥‥‥‥

将来の売上値引およびリベートが見込まれる商品について，従来は，売掛金の消滅を認識しておりましたが，返金負債を計上する方法に変更しております。返金負債は流動負債の「その他」に含めて表示しております。

③ **返品に係る収益認識** ‥‥‥‥‥‥‥‥‥‥‥‥‥‥‥‥‥‥‥‥‥‥‥‥

従来は，売上総利益相当額に基づいて流動負債に計上していた「返品調整引当金」は，返品されると見込まれる商品及び製品についての売上高および売上原価相当額を認識しない方法に変更しており，返金負債を流動負債の「その他」に，返品資産を流動資産の「その他」に含めて表示しております。

④ **有償支給取引に係る収益認識** ‥‥‥‥‥‥‥‥‥‥‥‥‥‥‥‥‥‥‥‥

従来は，有償支給した原材料などについて消滅を認識しておりましたが，当該取引において買い戻す義務を負っていることから，有償支給した原材料について

消滅を認識しないことといたしました。なお，当該取引において支給品の譲渡に係る収益は認識しておりません。

収益認識会計基準等の適用については，収益認識会計基準第84項ただし書きに定める経過的な取扱いに従っており，当連結会計年度の期首より前に新たな会計方針を遡及適用した場合の累積的影響額を，当連結会計年度の期首の利益剰余金に加減し，当該期首残高から新たな会計方針を適用しております。ただし，収益認識会計基準第86項に定める方法を適用し，当連結会計年度の期首より前までに従前の取扱いに従ってほとんどすべての収益の額を認識した契約に，新たな会計方針を遡及適用しておりません。また，収益認識会計基準第86項また書き（1）に定める方法を適用し，当連結会計年度の期首より前までに行われた契約変更について，すべての契約変更を反映した後の契約条件に基づき，会計処理を行い，その累積的影響額を当連結会計年度の期首の利益剰余金に加減しております。ただし，収益認識会計基準第89-2項に定める経過的な取扱いに従って，前連結会計年度について新たな表示方法により組替えを行っておりません。

この結果，収益認識会計基準等の適用を行う前と比べて，当連結会計年度の連結貸借対照表は，主に流動資産の「原材料及び貯蔵品」が2,222百万円増加，「その他」が1,345百万円増加，流動負債の「その他」が8,904百万円増加しております。当連結会計年度の連結損益計算書は，売上高は546百万円減少し，売上原価は163百万円増加し，営業利益，経常利益および税金等調整前当期純利益はそれぞれ709百万円減少しております。

当連結会計年度の期首の純資産に累積的影響額が反映されたことにより，連結株主資本等変動計算書の利益剰余金の期首残高は676百万円減少しております。

1株当たり情報に与える影響は重要性が乏しいため記載を省略しております。

（時価の算定に関する会計基準等の適用）

「時価の算定に関する会計基準」（企業会計基準第30号 2019年7月4日。以下「時価算定会計基準」という。）等を当連結会計年度の期首から適用し，時価算定会計基準第19項および「金融商品に関する会計基準」（企業会計基準第10号 2019年7月4日）第44-2項に定める経過的な取扱いに従って，時価算定会計基

準等が定める新たな会計方針を，将来にわたって適用することとしております。これにより，従来，時価を把握することが極めて困難と認められる金融商品とされていた社債その他の債券については取得原価をもって連結貸借対照表価額としておりましたが，観察可能なインプットを入手できない場合であっても，入手できる最良の情報に基づく観察できないインプットを用いて算定した時価をもって連結貸借対照表価額としております。

　また，「金融商品関係」注記の金融商品の時価のレベルごとの内訳等に関する事項等の注記を行うことといたしました。ただし，「金融商品の時価等の開示に関する適用指針」（企業会計基準適用指針第19号 2019年7月4日）第7-4項に定める経過的な取扱いに従って，当該注記のうち前連結会計年度に係るものについては記載しておりません。

（米国財務会計基準審議会会計基準編纂書（ASC）第842号「リース」の適用）
　米国会計基準を採用している海外子会社において，ASC第842号「リース」を，当連結会計年度より適用しております。これにより，借手のリース取引については，原則として全てのリースを貸借対照表に資産および負債として計上することといたしました。

　当該会計基準の適用にあたっては，経過措置で認められている，本基準の適用による累積的影響額を適用開始時に認識する方法を採用しております。

　この結果，当連結会計年度の連結貸借対照表において，主に有形固定資産の「リース資産」が2,429百万円減少，無形固定資産の「使用権資産」が10,978百万円増加，流動負債の「リース債務」が3,245百万円，固定負債の「リース債務」が8,893百万円それぞれ増加しております。当連結会計年度の連結損益計算書において，主に「賃借料」が894百万円減少し，営業利益，経常利益および税金等調整前当期純利益はそれぞれ894百万円増加しております。

　当連結会計年度の期首の純資産に累積的影響額が反映されたことにより，連結株主資本等変動計算書の利益剰余金の期首残高は3,022百万円減少しております。

2 財務諸表等

（1） 財務諸表 ···

① 貸借対照表

（単位：百万円）

	前事業年度 （2021年12月31日）	当事業年度 （2022年12月31日）
資産の部		
流動資産		
現金及び預金	29,064	32,652
売掛金	4,584	7,147
商品及び製品	45	83
仕掛品	0	0
原材料及び貯蔵品	68	64
前払費用	388	525
関係会社短期貸付金	10,268	16,898
未収入金	8,508	6,787
その他	89	311
貸倒引当金	△48	△96
流動資産合計	52,971	64,375
固定資産		
有形固定資産		
建物	8,857	8,338
構築物	391	344
機械装置及び運搬具	119	115
工具、器具及び備品	211	257
土地	4,066	4,066
リース資産	18	340
建設仮勘定	－	7
有形固定資産合計	13,665	13,470
無形固定資産		
借地権	48	48
商標権	1	0
ソフトウエア	1,567	11,473
リース資産	1,523	1,252
その他	7,904	599
無形固定資産合計	11,043	13,374
投資その他の資産		
投資有価証券	※1 7,035	※1 8,468
関係会社株式	60,712	57,201
出資金	1	1
関係会社出資金	4,023	4,011
長期貸付金	130	137
従業員に対する長期貸付金	3	5
関係会社長期貸付金	2,396	3,914
長期前払費用	26	403
敷金及び保証金	209	119
繰延税金資産	2,536	2,461
その他	611	615
貸倒引当金	△2,301	△3,628
投資その他の資産合計	75,385	73,711
固定資産合計	100,095	100,556
資産合計	153,066	164,932

	前事業年度 （2021年12月31日）	当事業年度 （2022年12月31日）
負債の部		
流動負債		
支払手形	374	450
買掛金	498	1,125
短期借入金	5,200	22,000
1年内償還予定の社債	－	15,000
リース債務	273	391
未払金	2,730	943
未払費用	4,945	5,056
未払法人税等	256	238
預り金	19,012	14,451
その他	38	193
流動負債合計	33,329	59,850
固定負債		
社債	70,000	55,000
長期借入金	2,500	2,500
リース債務	1,277	1,224
退職給付引当金	3,280	646
資産除去債務	50	41
その他	219	179
固定負債合計	77,328	59,591
負債合計	110,658	119,442
純資産の部		
株主資本		
資本金	23,972	23,972
資本剰余金		
資本準備金	6,000	6,000
その他資本剰余金	89	173
資本剰余金合計	6,089	6,173
利益剰余金		
その他利益剰余金		
別途積立金	8,000	8,000
圧縮積立金	1,307	1,294
繰越利益剰余金	10,802	12,602
利益剰余金合計	20,109	21,896
自己株式	△9,827	△9,643
株主資本合計	40,344	42,399
評価・換算差額等		
その他有価証券評価差額金	1,747	2,797
繰延ヘッジ損益	2	△3
評価・換算差額等合計	1,750	2,793
新株予約権	313	295
純資産合計	42,408	45,489
負債純資産合計	153,066	164,932

② 損益計算書

（単位：百万円）

	前事業年度 （自 2021年1月1日 　至 2021年12月31日）	当事業年度 （自 2022年1月1日 　至 2022年12月31日）
営業収益		
営業収益		
ロイヤルティ収入等	※1 24,094	※1 31,334
その他の営業収入等	※1 3,180	※1 230
営業収益合計	27,275	31,564
営業費用	※2 31,241	※2 30,841
営業利益又は営業損失（△）	△3,965	722
営業外収益		
受取利息	40	114
受取配当金	7,098	16,806
受取賃貸料	321	318
移転価格税制調整金	4,760	2,890
為替差益	155	―
その他	69	127
営業外収益合計	12,446	20,256
営業外費用		
支払利息	45	90
社債利息	127	111
社債発行費	45	―
為替差損	―	981
貸倒引当金繰入額	1,354	1,293
賃貸収入原価	355	347
譲渡制限付株式関連費用	179	―
その他	100	14
営業外費用合計	2,209	2,838
経常利益	6,271	18,140
特別利益		
固定資産売却益	19	―
投資有価証券売却益	63	1
子会社清算益	―	25
特別利益合計	82	26
特別損失		
固定資産売却損	0	―
固定資産除却損	0	31
投資有価証券売却損	0	3
投資有価証券評価損	2	―
関係会社株式評価損	215	11,290
店舗休止等損失	61	―
特別損失合計	280	11,324
税引前当期純利益	6,073	6,842
法人税、住民税及び事業税	532	257
法人税等調整額	△1,478	△329
法人税等合計	△946	△71
当期純利益	7,020	6,914

③ 株主資本等変動計算書

前事業年度（自　2021年1月1日　至　2021年12月31日）

（単位：百万円）

	株主資本									
	資本金	資本剰余金			利益剰余金				自己株式	株主資本合計
		資本準備金	その他資本剰余金	資本剰余金合計	その他利益剰余金			利益剰余金合計		
					別途積立金	圧縮積立金	繰越利益剰余金			
当期首残高	23,972	6,000	−	6,000	8,000	1,320	10,359	19,679	△10,153	39,497
当期変動額										
圧縮積立金の取崩				−		△13	13	−		−
剰余金の配当				−			△6,589	△6,589		△6,589
当期純利益				−			7,020	7,020		7,020
自己株式の取得				−				−	△6	△6
自己株式の処分			89	89				−	333	422
株主資本以外の項目の当期変動額（純額）				−				−		
当期変動額合計	−	−	89	89	−	△13	443	430	326	847
当期末残高	23,972	6,000	89	6,089	8,000	1,307	10,802	20,109	△9,827	40,344

| | 評価・換算差額等 | | | 新株予約権 | 純資産合計 |
	その他有価証券評価差額金	繰延ヘッジ損益	評価・換算差額等合計		
当期首残高	1,312	△6	1,305	398	41,201
当期変動額					
圧縮積立金の取崩			−		−
剰余金の配当			−		△6,589
当期純利益			−		7,020
自己株式の取得			−		△6
自己株式の処分			−		422
株主資本以外の項目の当期変動額（純額）	435	9	444	△85	359
当期変動額合計	435	9	444	△85	1,206
当期末残高	1,747	2	1,750	313	42,408

当事業年度（自　2022年1月1日　至　2022年12月31日）

（単位：百万円）

	株主資本									
		資本剰余金			利益剰余金				自己株式	株主資本合計
	資本金	資本準備金	その他資本剰余金	資本剰余金合計	別途積立金	圧縮積立金	繰越利益剰余金	利益剰余金合計		
						その他利益剰余金				
当期首残高	23,972	6,000	89	6,089	8,000	1,307	10,802	20,109	△9,827	40,344
当期変動額										
圧縮積立金の取崩				－		△13	13	－		－
剰余金の配当				－			△5,127	△5,127		△5,127
当期純利益				－			6,914	6,914		6,914
自己株式の取得				－				－	△4	△4
自己株式の処分			84	84					187	272
株主資本以外の項目の当期変動額（純額）				－				－		－
当期変動額合計	－	－	84	84		△13	1,800	1,787	183	2,055
当期末残高	23,972	6,000	173	6,173	8,000	1,294	12,602	21,896	△9,643	42,399

	評価・換算差額等			新株予約権	純資産合計
	その他有価証券評価差額金	繰延ヘッジ損益	評価・換算差額等合計		
当期首残高	1,747	2	1,750	313	42,408
当期変動額					
圧縮積立金の取崩			－		－
剰余金の配当			－		△5,127
当期純利益			－		6,914
自己株式の取得			－		△4
自己株式の処分			－		272
株主資本以外の項目の当期変動額（純額）	1,049	△6	1,043	△17	1,025
当期変動額合計	1,049	△6	1,043	△17	3,080
当期末残高	2,797	△3	2,793	295	45,489

【注記事項】

（重要な会計方針）

1. 有価証券の評価基準及び評価方法 ･･････････････････････････････････････

(1) 子会社株式および関連会社株式 ･････････････････････････････････････

移動平均法による原価法

(2) その他有価証券 ･･･

市場価格のない株式等以外のもの

時価法（評価差額は全部純資産直入法により処理し，売却原価は移動平均法
により算定）

市場価格のない株式等

移動平均法による原価法

ただし，債券につきましては，償却原価法

2. デリバティブ等の評価基準及び評価方法 ･････････････････････････････

デリバティブ取引により生ずる正味の債権及び債務

時価法

3. 棚卸資産の評価基準及び評価方法 ･･･････････････････････････････････

商品及び製品，仕掛品，原材料及び貯蔵品

移動平均法による原価法（貸借対照表価額につきましては収益性の低下に基
づく簿価切下げの方法）

4. 固定資産の減価償却の方法 ･･･

(1) 有形固定資産（リース資産を除く）･････････････････････････････････

定率法

ただし，1998年4月1日以降に取得した建物（建物附属設備を除く）ならび
に2016年4月1日以降に取得した建物附属設備及び構築物につきましては，
定額法

なお，主要な耐用年数は，以下のとおりであります。

建物及び構築物　　……5年～50年

　　　機械装置及び運搬具……2年～12年

　　　工具，器具及び備品……2年～15年

(2)　無形固定資産（リース資産を除く）……………………………………………

　　定額法

　　　自社利用のソフトウエアにつきましては，社内における利用可能期間（10年
　　　以内）に基づく定額法

(3)　リース資産…………………………………………………………………………

　　所有権移転外ファイナンス・リース取引に係るリース資産

　　　リース期間を耐用年数とし，残存価額を零とする定額法

　　所有権移転ファイナンス・リース取引に係るリース資産

　　　自己所有の固定資産に適用する減価償却方法と同一の方法

5. 引当金の計上基準………………………………………………………………………

(1)　貸倒引当金……………………………………………………………………………

　　売上債権等の貸倒損失に備えるため，一般債権につきましては貸倒実績率によ
り，貸倒懸念債権等特定の債権につきましては個別に回収可能性を勘案し，回収
不能見込額を計上しております。

(2)　退職給付引当金………………………………………………………………………

　　従業員の退職給付に備えるため，当事業年度末における退職給付債務の見込額
に基づき，当事業年度末において発生していると認められる額を計上しておりま
す。

①　退職給付見込額の期間帰属方法

　　退職給付債務の算定にあたり，退職給付見込額を当事業年度末までの期間に帰
属させる方法については，給付算定式基準によっております。

②　数理計算上の差異の費用処理方法

　　各事業年度の発生時における従業員の平均残存勤務期間以内の一定の年数によ

る定額法により按分した額を，それぞれ発生の翌事業年度から費用処理しており
ます。

6. 収益及び費用の計上基準 ···

　主な履行義務の内容および収益を認識する時点は以下のとおりであります。

（1） ライセンスの供与 ···

　当社の知的財産に関するライセンスを含む商品を，ライセンス先の企業が販売
することによりロイヤルティ収入が生じております。ロイヤルティ収入は，ライ
センス先の企業の売上高に基づいて生じるものであり，ライセンス先の企業にお
いて当該商品が販売された時点で収益を認識しております。

（2） コミッション収入 ···

　子会社への契約内容に応じた受託業務を提供することが履行義務であり，業務
が実際された時点で当社の履行義務が充足されることから，当該時点で収益を認
識しております。

7. ヘッジ会計の方法 ···

（1） ヘッジ会計の方法 ···

　繰延ヘッジ処理によっております。

　なお，為替予約が付されている外貨建金銭債権債務等につきましては，振当処
理の要件を満たしている場合には，振当処理を行っております。

　また，特例処理の要件を満たす金利スワップ取引につきましては，特例処理を
採用しております。

（2） ヘッジ手段とヘッジ対象 ···

① ヘッジ手段

　デリバティブ取引（為替予約取引，通貨オプション取引，金利スワップ取引）

② ヘッジ対象

　為替予約および通貨オプションにつきましては，主に外貨建輸入取引の為替変
動リスクを，金利スワップにつきましては，資金調達取引の金利変動リスクをヘッ
ジ対象としております。

(3) ヘッジ方針

当社は，主に材料の輸入による買入債務等の為替レート変動によるリスクを
ヘッジする目的で外国為替の実需の範囲内で為替予約取引および通貨オプション
取引を行うものとしております。

また，借入金および社債に係る金利の将来の変動に対する有効な管理手段とし
て，金利スワップ取引を行うものとしております。

(4) ヘッジ有効性評価の方法

為替予約におきましては，過去の取引実績および今後の取引の実行可能性を総
合的に勘案し，ヘッジ対象としての適格性を検討することにより，有効性の評価
を実施しております。

金利スワップおよび通貨オプションにおきましては，原則として，ヘッジ開始
時から有効性判定時点までの期間において，ヘッジ対象のキャッシュ・フローの
変動の累計額とヘッジ手段のキャッシュ・フローの変動の累計額とを比較し，そ
の比率を基礎に判断しておりますが，契約の内容等によりヘッジに高い有効性が
明らかに認められる場合につきましては有効性の判定を省略しております。

8. その他財務諸表作成のための重要な事項

(1) 退職給付に係る会計処理

退職給付に係る未認識数理計算上の差異の会計処理の方法は，連結財務諸表
におけるこれらの会計処理の方法と異なっております。

(2) 連結納税制度の適用

当社は連結納税制度を適用しております。

(3) 連結納税制度からグループ通算制度への移行に係る税効果会計の適用

当社は，翌事業年度から，連結納税制度からグループ通算制度へ移行すること
となります。ただし，「所得税法等の一部を改正する法律」（令和2年法律第8号）
において創設されたグループ通算制度への移行およびグループ通算制度への移行
にあわせて単体納税制度の見直しが行われた項目については，「連結納税制度か
らグループ通算制度への移行に係る税効果会計の適用に関する取扱い」（実務対
応報告第39号2020年3月31日）第3項の取扱いにより，「税効果会計に係る会

計基準の適用指針」（企業会計基準適用指針第28号 平成30年2月16日）第44項の定めを適用せず，繰延税金資産および繰延税金負債の額について，改正前の税法の規定に基づいております。

　なお，翌事業年度の期首から，グループ通算制度を適用する場合における法人税および地方法人税並びに税効果会計の会計処理および開示の取扱いを定めた「グループ通算制度を適用する場合の会計処理及び開示に関する取扱い」（実務対応報告第42号 2021年8月12日）を適用する予定であります。

（重要な会計上の見積り）
繰延税金資産の回収可能性
（1）　当事業年度の財務諸表に計上した金額 ……………………………………

（単位：百万円）

	前事業年度	当事業年度
将来減算一時差異等に係る繰延税金資産の総額	17,930	20,858
上記に係る評価性引当額	△14,343	△16,834
繰延税金負債との相殺前の繰延税金資産	3,587	4,023
繰延税金負債との相殺後の繰延税金資産	2,536	2,461

（2）　識別した項目に係る重要な会計上の見積りの内容に関する情報 ……………
　（1）の金額の算出方法は，連結財務諸表「注記事項（重要な会計上の見積り）繰延税金資産の回収可能性」に記載した内容と同一であります。

（会計方針の変更）
　（収益認識に関する会計基準等の適用）
　「収益認識に関する会計基準」（企業会計基準第29号 2020年3月31日。以下「収益認識会計基準」という。）等を当事業年度の期首から適用し，約束した財又はサービスの支配が顧客に移転した時点で，当該財又はサービスと交換に受け取ると見込まれる金額で収益を認識することとしております。これにより，当社が代理人として行う取引について，従来は子会社から受け取る対価の総額を収益として認識していましたが，子会社から受け取る額から仕入先に支払う額を控除

した純額で収益を認識することとしております。

　この結果，当事業年度の売上高が4,754百万円，売上原価が4,754百万円それぞれ減少しております。

（「時価の算定に関する会計基準」等の適用）

　「時価の算定に関する会計基準」（企業会計基準第30号 2019年7月4日。以下「時価算定会計基準」という。）等を当事業年度の期首から適用し，時価算定会計基準第19項および「金融商品に関する会計基準」（企業会計基準第10号2019年7月4日）第44－2項に定める経過的な取扱いに従って，時価算定会計基準等が定める新たな会計方針を，将来にわたって適用することとしております。これにより，従来，時価を把握することが極めて困難と認められる金融商品とされていた社債については取得原価をもって貸借対照表価額としておりましたが，観察可能なインプットを入手できない場合であっても，入手できる最良の情報に基づく観察できないインプットを用いて算定した時価をもって貸借対照表価額としております。

第2章

エンタメ・レジャー業界の "今" を知ろう

企業の募集情報は手に入れた。しかし，それだけでは
まだ不十分。企業単位ではなく，業界全体を俯瞰する
視点は，面接などでもよく問われる重要ポイントだ。
この章では直近1年間のレジャー業界を象徴する重大
ニュースをまとめるとともに，今後の展望について言
及している。また，章末にはレジャー業界における有
名企業（一部抜粋）のリストも記載してあるので，今
後の就職活動の参考にしてほしい。

▶▶日本を癒やす，おもてなし

エンタメ・レジャー 業界の動向

> 「レジャー」とは，ゲーム，テーマパーク，劇場，映画館，旅行，ホテル，パチンコ，スポーツ・フィットネスなど，人々の余暇に関する業界である。景気に左右されやすく，時代を色濃く反映するのが特徴である。

❖ ゲーム業界の動向

現在のゲームの形態は，スマートフォンで遊ぶスマホゲーム，専用機で遊ぶ家庭用ゲーム，そしてパソコンで遊ぶPCゲームに大別される。現行の家庭用ゲームハードはソニーグループの「プレイステーション5」，任天堂の「ニンテンドースイッチ」，そしてマイクロソフトの「XboxSeriesX/SeriesS」の3機種があげられる。2022年の国内ゲーム市場は2兆5923億，世界では24兆8237億円にもなる。

●ポケモン，ゼルダら人気シリーズがヒット

かつてのゲーム業界では，販売されたゲームソフトは専用の家庭用ハードで遊ぶことが前提であった。1990年代では初代「プレイステーション」とセガの「セガサターン」で激しいシェア争いが起きたが，「ドラゴンクエスト」「ファイナルファンタジー」といった人気タイトルを独占したプレイステーションがシェアを勝ち取り，後の「プレイステーション2」の時代までソニーの一強体制を作り上げた。

2023年現在では，ダウンロード版の販売が増えたこともあり，ひとつのタイトルが各種ハードにまたがって発売されることも多くなった。そんな中，任天堂は「マリオ」「ポケモン」「ゼルダ」などの独自タイトルを多く抱えている。2022年11月に発売された「ポケットモンスタースカーレット・バイオレット」，2023年5月発売の「ゼルダの伝説　ティアーズ　オブ　ザ　キングダム」などはニンテンドースイッチ専用タイトルながらも発売3日間で

1000万本を売り上げた。2017年に発売されたニンテンドースイッチ自体の販売台数は低下しているが，年間プレイユーザー数は増加している。

　ソニーグループはプレイステーション5が好調。発売当初は品薄から転売問題が話題となったが，2023年には安定した供給が確立されている。2023年11月には旧来からの性能はそのままで，30%以上の軽量化をはかった新型プレイステーション5と，携帯機として「PlayStation Portal リモートプレーヤー」を発売した。

●スマホゲームは中国の台頭が目立つ

　専用ハードを買い求める必要がある家庭用ゲーム機と異なり，誰もが手にするスマートフォンを使用するモバイルゲームは，その手に取りやすさから普段ゲームをしないカジュアル層への訴求力を強く持つ。

　2021年にリリースされたサイゲームス「ウマ娘 プリティダービー」は社会現象ともいえる大ヒットを記録，2022年も894億円を売り上げ，これはモバイルゲーム全体の2位であった。モバイルゲーム売り上げ1位はモバイルゲーム黎明期にリリースされたMIXIの「モンスターストライク」で，933億円を売り上げた。同じく黎明期のタイトルであるガンホーの「パズル＆ドラゴン」も422億円と4位の売り上げで息の長さを感じさせる。

　近年，モバイルゲーム業界では中国企業の台頭が目立つ。miHoYoの「原神」やネットイースの「荒野行動」などはランキングトップ10内におり，今後ますます競争が激化していくと思われる。

❖ テーマパーク業界の動向

　テーマパーク業界は，新型コロナウイルスの影響を多大に受けた。東京ディズニーリゾートは，2020年2月29日から6月末まで丸4カ月以上の臨時休園に踏み切った。ユニバーサル・スタジオ・ジャパンも6月初旬から3カ月以上休業・ほかの遊園地や動物園・水族館も程度の違いはあれど，休園措置を余儀なくされた。

　2021年から徐々に営業を再開し，2023年は本格回復を見せたが，依然，入場者数はコロナ前の水準には届いていない。各社は価格改訂をはかり，客単価をあげる方向にシフトしてきている。

●大手２社，新アトラクション，新サービスでリピーターを確保

最大手のオリエンタルランドは，2017年４月から東京ディズニーリゾートの大規模改装，新規サービスの開始に着手した。2018年は東京ディズニーリゾートの35周年にあたる年で，ディズニーランドでは新しいショーやパレードがスタートしているほか，「イッツ・ア・スモールワールド」がリニューアルされた。2019年には，ディズニーシーに新しいアトラクションとして「ソアリン：ファンタスティック・フライト」が誕生した。2020年９月にはディズニーランドで映画「美女と野獣」「ベイマックス」などをテーマにした新施設をオープンした。また，2024年にはディズニーシーで新エリア「ファンタジースプリングス」はオープンする予定。「アナと雪の女王」「塔の上のラプンツェル」「ピーター・パン」の世界観を再現した４つのアトラクションによる３エリアが用意される。

ユニバーサル・スタジオ・ジャパンも，2018年に「ハリー・ポッター・アンド・ザ・フォービドゥン・ジャーニー完全版」をスタートし，子供向けの『プレイング・ウィズ・おさるのジョージ』，『ミニオン・ハチャメチャ・アイス』の２つのアトラクションを追加。新パレード「ユニバーサル・スペクタクル・ナイトパレード」の開催のほか，「ウォーターワールド」もリニューアルされた。2021年には，任天堂と提携して「スーパーマリオ」をテーマとしたエリアをオープン。投資額は約500億円で「ハリー・ポッター」を超える規模となる。

また，オリエンタルランド，ユニバーサル・スタジオ・ジャパンともに，新サービスとして有料でアトラクションの待ち時間を短縮することができるチケットを販売。客単価を上げることで収益を上げることに成功している。

●ムーミンやアニメ，新規開業も続々

地方でもテーマパークの新設が続いている。2017年には名古屋に「レゴランド・ジャパン」がオープンしたが，2018年，隣接地に水族館「シーライフ名古屋」とホテルが追加され，レゴランド・ジャパン・リゾートとなった。また，ムーミンのテーマパーク「Metsa（メッツァ）」が埼玉県飯能に開設される。メッツァは，北欧のライフスタイルが体験できる「メッツァビレッジ」とムーミンの物語をテーマにした「ムーミンバレーパーク」の２エリアで構成され，「メッツァビレッジ」は2018年秋，「ムーミンバレーパーク」は2019年春にオープンした。

2020年には香川県のうたづ臨海公園内に四国エリアで最大級となる水族

館「四国水族館」がオープンした。2022年には，愛知万博会場の愛・地球博記念公園内に人気アニメ「もののけ姫」や「ハウルの動く城」といったジブリの世界観を楽しめるテーマパーク「ジブリパーク」が開業。ジブリパークは5つのエリアで構成されている。「青春の丘」エリアは『耳をすませば』『ハウルの動く城』がモチーフに。「もののけの里」エリアは『もののけ姫』をテーマにしたエリアで，「魔女の谷」エリアは『ハウルの動く城』や『魔女の宅急便』をテーマにした遊戯施設が用意される予定。「どんどこ森」エリアは，現在「サツキとメイの家」が建っている同公園内の場所が該当し，『となりのトトロ』をテーマにしたエリアになっている。また，「ジブリの大倉庫」エリアは映像展示や子どもの遊び場施設になっている。

11月のオープン当初は1日の入場者数が5000人前後に抑えられていることもあり，チケットの入手が非常に困難な状況に。数ヶ月先まで予約で埋まる大盛況となっている。

❖ 旅行業界の動向

「21世紀最大の産業は，観光業」という見方もあるほど，旅行業界は世界的な成長産業である。国連世界観光機構（UNWTO）によると，2019年の世界の海外旅行者数は，前年比6％増の14億人となり，9年連続で増加した。UNWTOの長期予測では，2020年に年間14億人に，2030年には18億人に拡大するとされていたが，それよりも2年早く実現したことになる。新型コロナウイルス禍で大打撃を受けた旅行業界だが，コロナ5類移行を受けて，順調に回復してきている。

国内については，観光庁によると，2022年度の国内旅行消費額は18.7兆円まで回復した。2022年6月には政府が訪日客の受け入れを再開。入国者数の上限制度など一部では引き続き水際対策が続くものの，2023年からは正常化が見込まれている。

国内旅行会社が扱う商品は，個人・法人向けとして，国内・海外旅行などのパッケージツアーや，個々の希望に応じて宿や交通機関の手配を行う企画旅行が中心となる。わずかな手数料がおもな収入源のため，店舗を構えて担当者が対応する店舗型では店舗の運用費や人件費の負担が高くなっている。

●ネット専門旅行業の急成長に，大手も対抗

　ネット通販の拡大とともに，旅行業界においてもOTA（Online Travel Agent）が台頭している。ホテル予約について世界市場を見ると，米国では，OTA経由とホテル直販がほぼ半数ずつなのに対して，アジアでは約7割がOTA経由になっている。国内でも，2大OTAの「楽天トラベル」とリクルートの「じゃらんネット」をはじめ，エクスペディア，ホテルズ.comなどの外資系も続々と参入している。また近年は「トリバゴ」や「トリップアドバイザー」といった，ネット予約サイトを横断的に検索してホテルや航空券の価格を比較する「メタサーチ」を提供するサイトの存在感が高まっている。2017年7月には，メタサーチ大手「カヤック」が日本への本格進出した。

　こういった動向を受けて，大手各社は組織再編に乗り出している。JTBは，2017年4月に事業再編を発表。地域別・機能別に分散していた15社を本社に統合し，個人・法人・グローバルの3事業を軸に組織化した。一方，KNT-CTホールディングス（近畿日本ツーリストとクラブツーリズムの統合会社）は，JTBと正反対の戦略を示す。同時期に発表されたKNT-CTの構造改革では，これまで団体や個人といった旅行形態に合わせていた事業を，新たに地域ごとに子会社を設け，地域密着で旅行に関連する需要を取り込んでいくという。HISは2016年11月に新体制に移行し，グローバルオンライン事業を既存旅行事業から切り離した。そのねらいは「世界に通用するOTAを視野に入れた，新たなビジネスモデルを構築」だという。

　また，各社とも，所有資源を有効活用しつつ，旅行に限定しない幅広いサービスの開拓も積極的に行っている。JTBは2013年に，企業，地方自治体の海外進出をサポートする事業「LAPTA」を立ち上げ，海外進出の際の市場調査や，商談会・展示会など販路拡大の機会創出，駐在員の生活支援といったサービスの提供を始めた。HISも2015年より市場調査などのサポートを行う「HISビジネス展開支援サービス」を始めていたが，2018年からはこの事業をさらに強化した「Global Business Advance」サービスの提供を始めた。海外展開支援のための企業マネジメントや各種コンサルティング，実務支援，現地進出のサポートやビジネス展開の支援サービスを提供する。まずはトルコを皮切りに，今後は同社の世界70カ国の拠点でサービスを展開するという。

❖ スポーツ用品業界動向

　国内スポーツ用品市場は，健康志向によってスポーツへの関心が高まり，微増傾向が続いている。矢野経済研究所によれば，2022年の市場規模は1兆6529億円と見込まれている。

　業界1位のアシックスは，シューズメーカーとしてスタートし，スポーツシューズに強みを持っていたことから，経営資源の大半をランニングシューズに集中させ，業績を好転させている。広告塔となる選手を設けず，世界各地のマラソン大会のスポンサーとなり，市民ランナーへ向けてブランドを訴求。この地道な販促は，ロンドン，ボストン，東京など世界の主要なマラソン大会において，2時間台で完走した上級参加者のシューズは，5割以上がアシックスという結果につながっている。一方，業界2位のミズノは，トッププロ選手やチームとの契約を重視し，野球やゴルフなど特定の競技に依存したことで，好調の波に乗り遅れた。しかし近年は，競技重視のマーケティングを転換し，より裾野が広いカジュアル系ブランドとしての訴求を目指している。

●海外に目を向ける各社　アシックスの海外売上高比率は8割

　国内スポーツ大手は，少子高齢化による競技スポーツ市場の縮小を見越して，海外進出にも積極的に取り組んでいる。アシックスは2012年に，子会社のアシックスジャパンを設立して国内事業を移管，本体のアシックスは海外事業を主軸に据えた。「世界5極体制」といったグローバルな体制を敷き，日本以外に，米国，欧州，オセアニア，東アジア地域で幅広く展開したことで，現在では，海外売上高比率が約80％を占めている。業界3位のデザントは，韓国を中心にアジアで売上を伸ばしており，海外売上高比率は53％まで伸びている。2016年には，中国で合弁会社を設立。2018年には，韓国・釜山にシューズの研究開発拠点を新設したほか，米国アトランタに新規子会社を設立して，アスレチックウェアやゴルフウェアの市場競争力を強化する。また，欧米に強い事業基盤を有するワコールと包括的業務提携を締結し，自社の強みのアジアとそれぞれ補完することで，世界展開の加速を図っている。

●ライフスタイル需要が伸びるなか，ミズノはアスレジャーに期待

　アスレジャーとは，アスレチックとレジャーを組み合わせた造語で，エクササイズをするような機能性の高いスポーツウェアで構成されたファッションスタイルのこと。これまでもスポーツミックスといわれる，スポーティなアイテムとフォーマルよりのアイテムを組み合わせるファッションはあったが，アスレジャーはよりスポーツ色が強い。

　2014年以降，ナイキがレディス市場を強化したことでレディースファッションとして火がついた。その後，メンズにも広がり，日本でも取り入れる若者が増えてきている。スポーツ関連企業がレディス市場の開拓を強化する動きは珍しいものではなく，2000年以降，継続して見られる動きといえる。米国では2020年にアスレジャー市場は約1000億ドル（約10兆円）になるとの予測もある。この市場で先行しているのは，ナイキやアディダスといった海外メーカーだが，国内のスポーツメーカーも新たな市場として注目している。

　米国ではアスレチックの傾向が強いが，日本ではカジュアル色の強い傾向が見える。もともとフィットネスクラブやヨガスタジオのなかで着るウェアがメインとなっており，機能性だけでなく，素材や色にもこだわった商品が好まれる。ライフスタイル需要の流れに乗り遅れていたミズノは，2016年から新ブランド「ミズノスポーツスタイル」や「M-LINE」，「WAVE LIMB」を投入し，タウンユース向けのアパレルやシューズを展開して挽回を図っている。2017年には，ナノ・ユニバースやマーガレット・ハウエルとのコラボ商品を発売し，話題を呼んだ。また，2018年には，ファミリー向けファッションブランドのコムサイズム（COMME CA ISM）とのコラボ商品も発売している。機能素材を使い，家族で身体を動かす楽しさを提案する商品群となっており，親子やパートナー同士でのリンクコーデが楽しめる。

　アスレジャーでは，機能性をもつウェアが選ばれるため，アパレル大手のユニクロも機能素材とファッション性を武器に，この市場に参入している。アスレジャーはあくまでファッションのトレンドであるため，当然ながら，ファッション性が求められる。機能性をアピールするだけで注目された競技スポーツ向けとは大きく異なる。スポーツメーカーには，いかに消費者に目を向けさせるか，購買意欲を高めるか，販売網も含めた工夫が求められる。

エンタメ・レジャー業界

直近の業界各社の関連ニュースを
ななめ読みしておこう。

沖縄に大型テーマパーク25年開業　USJ再建の森岡氏主導

ユニバーサル・スタジオ・ジャパン（USJ、大阪市）の再建で知られる森岡毅氏率いるマーケティング会社の刀（同市）は27日、沖縄県で自然体験を軸にした大型テーマパークを2025年に開業すると発表した。

名称は「JUNGLIA（ジャングリア）」。世界自然遺産の森林「やんばる」に近い沖縄本島北部の今帰仁（なきじん）村と名護市にまたがるゴルフ場跡地で23年2月から工事を進めている。面積は60ヘクタールほど。50ヘクタール前後の東京ディズニーランド（TDL、千葉県浦安市）や東京ディズニーシー（TDS、同）、USJを上回る。

刀の最高経営責任者（CEO）の森岡氏は東京都内で開いた記者会見で「沖縄は世界一の観光のポテンシャルがある」と述べた。観光客が旅先での体験価値を最大化できるよう「パワーバカンス」をコンセプトに掲げ、「都会では味わえない本物の興奮と本物のぜいたくを組み合わせた」と語った。

アトラクションは気球に乗り込み眼下のジャングルやサンゴ礁の海を見渡せる遊覧や、装甲車に乗り込んで肉食恐竜から逃げるスリルを楽しめるサファリライドといった「人間の本能を貫通する」（森岡氏）体験を提供する。森林に囲まれたスパやレストランなど静かな時間を過ごせる空間も用意する。

空路で4〜5時間ほどの圏内に20億人超の市場を抱える地の利を生かし、伸び代が大きいインバウンド（訪日外国人）も呼び寄せる。

（2023年11月27日　日本経済新聞）

個人消費、レジャー下支え　コンサートは15%増

レジャー消費が個人消費を下支えしている。2023年の映画の興行収入は歴代

3位のペースで推移し、音楽チケットの販売は新型コロナウイルス禍前の18年度を上回る。国内旅行も堅調だ。新型コロナの感染症法上の分類が「5類」に移行してまもなく半年。相次ぐ値上げで食品の支出が落ち込むなかで、レジャー関連の強さが目立っている。

チケット販売大手のぴあによると、23年4〜8月の音楽チケットの販売枚数はコロナ前の18年同期比約15%増となった。「アリーナの開業が相次ぎ、大規模公演が増えていることも好材料となっている」（同社）

映画も好調だ。日本映画製作者連盟によると、23年1〜8月の配給大手12社の興収は前年同期比12.8%増の1442億円だった。同期間としては歴代3位の水準だ。「ザ・スーパーマリオブラザーズ・ムービー」といったヒット作に恵まれたこともあり、「コロナ前にほぼ戻った」（同連盟）。

国内旅行は一段と回復している。東海道新幹線の10月の利用者数は11日時点で、18年同期比96%で推移する。土休日に限れば同100%だ。88%だった8月全体よりも高水準だ。西武・プリンスホテルズワールドワイドの10月の室料収入（一部施設）は18年同月比で約1.4倍の見通しだ。

日本生産性本部（東京・千代田）が26日公表した「レジャー白書」によると、レジャー産業の22年の市場規模は前の年に比べ12.7%増の62兆8230億円だった。コロナ禍の20年に55兆2040億円まで落ち込んだが着実に回復し、18年比では9割弱の水準まで回復した。「23年はコロナ前の水準（約70兆円）に近づくだろう」（日本生産性本部）

総務省の家計調査によると、2人以上の世帯の消費支出は実質ベースで8月まで6カ月連続で前年同月を下回った。一方で、ツアーなどのパック旅行支出は同53.7%増（推計）と21カ月連続で増加。物価高で食品への支出が抑えられているのと対照的に、消費者のレジャーへの支出意欲は高い。ゴルフ場運営のリソルホールディングスでは4〜9月の客単価が19年同期に比べて2割弱上昇した。

（2023年10月26日　日本経済新聞）

ゲーム開発に生成AI　コスト3分の1で、著作権侵害懸念も

ゲーム業界に生成AI（人工知能）の波が押し寄せている。人材や資金に限りがあるゲーム制作のスタートアップでは、シナリオ構成やキャラクターデザインなどでフル活用し、開発コストを従来の3分の1に抑える企業もある。ただ、生成AIが生み出したコンテンツが著作権を侵害する懸念もあり、ゲーム大手は

導入に慎重だ。

「どの部分で生成AIを使っているんですか」。現在開催中の世界最大級のゲーム見本市「東京ゲームショウ（TGS）2023」の会場で、開発スタッフわずか4人のスタートアップ、AI Frog Interactive（東京・目黒）のブースに並ぶゲームが注目を集めた。

フィールドを歩き回る一見普通のゲームだが、キャラクターのデザイン案に画像生成AIを使い、シナリオ案を出したりキャラクターを動かすコードを書いたりするのには対話型AIを活用した。新清士最高経営責任者（CEO）は「開発コストと期間が3分の1で済むため、同じ予算でより凝ったものを早くつくれる」と話す。

AIはあくまで案を出す役で、最終的には人の手を入れる。回答が不完全なものが多いうえ、実在する作品と酷似するといった著作権侵害のリスクを減らすためだ。新氏は数年後にはゲーム業界で生成AIの利用が当たり前になるとみており、「大手が本腰を入れる前に実用化してリードしておきたい」と話す。

近年、大型ゲームの開発費用は100億円を超えることも多く、完成まで5年ほどかかるケースもある。技術の進歩でビジュアルなども高度になり作業が大幅に増加したからだ。生成AIを使えば、経営資源が乏しいスタートアップも大型ゲームに匹敵する作品を生み出せる可能性がある。

ゲーム向けAIを開発するモリカトロン（東京・新宿）は7月、生成AIで制作したミステリーゲーム「Red Ram」を発表した。ユーザーがゲーム内で入力した設定などをもとに、シナリオ構成やキャラクター、背景画像などを生成AIが創作する。3人のエンジニアで制作にかかった期間は約3カ月。従来に比べて工数を約4割削減できたという。

東京ゲームショウでは生成AIをテーマにした対談も開催された。サイバーエージェント傘下のCygamesは、ゲーム内の不具合を自動で検知する活用事例を披露。将来は生成AIと人がどう役割分担すべきかなどを議論した。

もっとも、生成AIの活用に慎重な企業は大手を中心に多い。対談に登壇したスクウェア・エニックスAI部の三宅陽一郎氏は「外注先などとの摩擦が少ない小規模開発の現場では導入が早いだろう」と指摘。バンダイナムコスタジオの長谷洋平氏は校閲システムなどで生成AIの技術を使っていると明かしたうえで「著作権などのリスクに対して議論があり、それらを無視して活用できない」と語った。

あるゲーム国内大手の幹部は「各社が互いの出方を見ている段階だ」と話す。

海外ではゲームに生成AIを組み込んでいることを理由に大手プラットフォーム

での配信を拒否されたとする事例も報告された。生成AIがつくったものが著作権を侵害することを懸念した動きとみられる。

データ・AI法務が専門のSTORIA法律事務所の柿沼太一弁護士は、著作権侵害などのリスクを回避するため「学習したデータと比較して不適切なものが生成されないような技術的な仕組みなどが必要だ」と指摘する。

（2023年9月22日　日本経済新聞）

東京ゲームショウ開幕　携帯型ブーム再来、ASUSなど

21日開幕した世界最大級のゲーム見本市「東京ゲームショウ（TGS）2023」では、台湾の華碩電脳（エイスース、ASUS）などが出展した携帯ゲーム機が話題を集めた。人気のオンラインゲームを外出先でも楽しめる。据え置き型を展開するソニーグループの戦略にも影響を及ぼしている。

会場の幕張メッセ（千葉市）では開場前に1300人以上の長蛇の列ができ、英語のほか中国語、韓国語が多く聞こえた。開場後、ゲームが試せるブースの中には一時30分待ちとなる列もあった。

ゲームショウの主役は通常、各社が競って披露するゲームソフトだ。今回は1700点以上が出展された。ただ、今年は最新のゲーム用パソコン（PC）などハード機器を展示するコーナーが初めて登場した。操作の反応が早いなど、ゲーム体験の満足感を左右するような高い性能をうたうゲーム機が並ぶ。米デル・テクノロジーズや米インテルもPCゲーム端末を出展し、中国スタートアップによる携帯ゲーム機も目立った。

国内大手ゲーム会社ではバンダイナムコエンターテインメントやスクウェア・エニックス、セガなどが出展し、話題のゲームにちなんだ展示や試遊を行った。海外からは中国ゲームの網易（ネットイース）のゲーム部門も初出展した。

会場で特に注目を集めたのが、ASUSの携帯ゲーム機「ROG Ally（アールオージーエイライ）」だ。任天堂の「ニンテンドースイッチ」より一回り大きく、7インチ液晶の左右にあるコントローラーを操作して遊ぶ。上位機種の価格は約11万円と値は張るが「6月の発売後、想定の3倍を既に出荷している」（ASUS）という。同ゲーム機は米マイクロソフトのPC向け基本ソフト（OS）「ウィンドウズ11」や高性能半導体を搭載し、デスクトップ型PC並みの性能を誇る。

中国レノボ・グループは今回のゲームショウに出展しなかった初の携帯ゲーム機「レノボ・レギオン・ゴー」を近く発売する。ASUSより大きい8.8インチの液晶

を搭載。ゲーム画面を美しく表示する性能が高い。

ASUS製もレノボ製も外出先で遊べる手軽さとともに、ハードとしての高い性能も売りとし、スマートフォンのゲームでは物足りないと感じるユーザーらも取り込む狙いだ。ASUSの日本法人、ASUSJAPANのデイビッド・チュー統括部長はROG Allyについて「（ゲームの）プラットフォームを超えて遊べる。今後も色々なゲームで検証したい」と話す。

ASUSのゲーム機で遊んだ都内から来た18歳の男性は「画面描写がきれいで驚いた。自宅では『プレイステーション（PS）5』で遊んでいるが、携帯型ゲームに興味がわいた」と話した。

ソニーGも21日、自宅にあるPS5のゲームを外出先からスマホ「Xperia（エクスペリア）」上で遊べる技術を披露した。11月にはPS5をWi-Fiでつなぎ、家の別の部屋などで遊べる新しいリモート端末を発売する。

ソニーGにとって、据え置き型のPS5が主力ゲーム機との位置づけは変わらない。ただ、携帯型のような楽しみ方を加えることでユーザーを逃さないよう手を打つ。

ゲーム機の歴史をたどれば、これまでも携帯型が人気だった時代がある。任天堂はファミコンに続いて1980年代末〜2000年代前半まで「ゲームボーイ」で市場を席巻した。現在も持ち運びできる「ニンテンドースイッチ」を販売している。

ソニーGも04年に発売した「プレイステーション・ポータブル（PSP）」など携帯ゲーム機を主力製品と位置づけていたことがあった。いずれもこれらの専用ゲーム機でしか遊べない「看板ソフト」があった。

今回再来した携帯型のブームが従来と異なるのは、1つのソフトを様々なハードで楽しめる「ゲームの汎用化」という大きな流れが背景にあることだ。ASUSやレノボの携帯ゲーム機は、持ち運びできる特徴に加え、1台でPCやスマホ向けのゲームも楽しめる点でスイッチなど専用機とは違う。

2026年の世界ゲーム市場は22年比で約14％増の2490億ドル（約37兆円）に成長する見通し。20〜26年の年平均成長率ではモバイル（3.3％）やPC（1.3％）に比べ、専用機は0.6％と小幅にとどまりそうだ。

専用機が頭打ちの中、関心が集まるのがマイクロソフトの動向だ。同社は「Xbox（エックスボックス）」を展開するが、PCやスマホ向けゲームにも注力し、専用機にはこだわらない戦略はソニーGや任天堂のそれとは異なる。

ゲーム業界に詳しい東洋証券の安田秀樹アナリストは「マイクロソフトは成長するPCゲームを取り込もうとしている」と指摘する。遊ぶ場所もハードも選ばないゲームへのニーズは、ゲーム大手も無視できないほど高まりつつある。

（2022年1月18日　日本経済新聞）

VTuberを株式セミナーに　東洋証券が若年層開拓

東洋証券は株式セミナーにバーチャルユーチューバー（Vチューバー）を活用する取り組みを始めた。Vチューバーとも親和性の高いゲーム業界について担当アナリストとVチューバーが対話しながら業界を解説する。若者から人気のあるVチューバーとタッグを組み、幅広い層の投資家を開拓したい考えだ。

ゲームセクターを担当する東洋証券の安田秀樹シニアアナリストがVチューバーと対話しながら、業界環境やゲーム事業のイロハを解説する。

第1回のオンラインセミナーを4月に開き、ソニーグループや任天堂の事業などを説明した。7月にも2回目を開催し、2社の歴史やゲームメーカーの生き残り施策に焦点をあてて解説する予定だ。

証券会社のセミナーだが、あえて株や投資の話はしない構成とした。あくまで今回はゲーム業界に興味を持ってもらうことに主眼を置いた。60代以上が大半を占める既存客向けに、投資テーマを解説してきた従来型の株式セミナーとの違いを明確にした。

Vチューバーには「日向猫（ひなたね）めんま」を起用した。従来の株式セミナーは平日の昼間に店舗で開催することが多いが、若年層が視聴しやすい平日の午後8時にオンラインで開催した。第1回セミナーは視聴者の約35％を10〜30代が占めるという異例の結果となった。

「証券会社にしては面白いことを企画するなと思った」「2回目も参加したい」。セミナーの参加者からはそんな声が寄せられた。アンケートでは東洋証券の認知度が良くなったと回答した人が8割を超えた。

「証券会社の堅いイメージを払拭しながら、金融リテラシーの底上げを図りたい」。東洋証券の三浦秀明執行役員はセミナーの狙いをこう話す。さらに「投資とは何か」という広いテーマなどでも、同じVチューバーを起用したコラボ動画を今後投入していくという。

政府も「貯蓄から投資へ」というスローガンを掲げ、投資優遇制度である少額投資非課税制度（NISA）の充実を進めている。若年層の証券口座開設も増えつつあるが、その余地はまだ大きい。

Vチューバーはアニメ調の声と2次元や3次元のキャラクターの動きを重ねたもので、若者を中心に人気がある。2016年に人気キャラ「キズナアイ」が動画投稿サイトのユーチューブで登場したのがきっかけで、国内外に広まった。

中国の調査会社のQYリサーチによると、世界のVチューバーの市場規模は28

年に174億ドル（約2兆4800億円）を見込む。21年比で10倍超に拡大する見通しだ。

実際にVチューバーを活用した企業広報の裾野は広がっている。サントリーは自社初の公式Vチューバーを手掛け、製品レビューやゲーム実況などを通じて新たなファン層を獲得している。

証券会社のVチューバー活用については、こうした若い潜在顧客からどのように収益化へつなげるかという課題がある。三浦執行役員は「最終的には企業の投資家向け広報（IR）担当者と若い投資家の橋渡しができるような場を作っていきたい」と話す。

最近では株や投資をテーマにしたユーチューバーなどから情報を得る人も多く、若年層にとって金融資産形成の情報を収集するハードルが低くなってきている。若者が株式投資に興味を持つきっかけに、Vチューバーが一役買う可能性は今後も続きそうだ。　　　　　　　　　　（2023年7月4日　日本経済新聞）

自動車内のエンタメ、ゲームに熱視線　NVIDIAやソニー

半導体大手の米エヌビディアは自動車にクラウドゲームを導入すると発表した。手始めに韓国現代自動車グループなど3社での搭載を予定する。ソニー・ホンダ連合も米エピックゲームズとの提携を公表した。クルマの電動化や自動運転技術の開発により、車内で過ごす移動時間の過ごし方が注目を集めている。自動車とエンタメ大手の「相乗り」で車内空間のエンターテインメント化が進みそうだ。

「リラックスして楽しめる車内体験を再創造する」。米ラスベガスで開かれたコンシューマー・エレクトロニクス・ショー（CES）で1月3日（現地時間）、エヌビディアのオートモーティブ事業バイスプレジデントを務めるアリ・カニ氏はこう強調した。

クラウドゲームサービス「ジーフォース・ナウ」を自動車にも導入する。まずは、現代自動車グループのほか、中国比亜迪（BYD）やスウェーデンのボルボ・カーズグループのポールスターと搭載を進める。現代自動車は「ヒュンダイ」「キア」などのブランドに搭載し、ポールスターはEV（電気自動車）での活用を進めるという。

翌日にはソニー・ホンダモビリティも車内エンタメで米エピックゲームズとの協業を発表した。水野泰秀会長はエピックを「クルマにおける時間と空間の概念を広げるための重要なパートナー」と持ち上げた。

エピックはゲームや映画を制作するための「アンリアルエンジン」やオンラインゲーム「フォートナイト」を持ち、ゲームの配信プラットフォームも運営する。iPhoneでのゲーム収益を巡っては米アップルと衝突した。クルマのスマホ化を見据え、車内エンタメの覇権取りに手を打ったとみられる。

車内空間へのゲーム配信では米テスラの動きが速い。2022年7月にイーロン・マスク氏がツイッター上で告知した通り、12月に「モデルS」と「モデルX」に米バルブ・コーポレーションのゲーム配信サービス「スチーム」を実装した。独BMWも10月にスイスのNドリームとの提携を発表し、23年からの提供開始を予定する。

エヌビディアやスチームは特定のゲーム機に縛られない環境を整えてきた。PCやモバイルで自由に遊べる仕組みが変革期の自動車産業でも生きている。世界の新車販売台数は21年で8268万台と、年10億台を超えるスマホの出荷台数には遠く及ばないが、家庭用ゲーム機は優に上回る規模だ。富士経済は35年にはEVの新車販売だけで5651万台と予測し、潜在力は大きい。

皮算用通りに進めば、未来の消費者は車内で膨大な時間を持て余す。例えば、EV。日産リーフが積む容量40kWh（キロワット時）の電池を出力3kWで給電するとフル充電に約16時間かかる。一定の走行距離の確保だけでも数十分が必要だ。後部座席の子どもは今も退屈だが、自動運転になれば同乗者すべてが移動時間を持て余す。

エンタメを含むソフトウエアは自動車のビジネスモデルを変える。販売時点で完成品の自動車を作る商売から、販売後の自動車に向けた基本ソフト（OS）更新やエンタメ供給でも稼ぐスマホ型になる。「（ソフトは）顧客に1万ドル以上の価値をもたらし、自動車メーカー側にも新たなソフト収益をもたらす」（エヌビディアのカニ氏）

ゲーム業界も対応を迫られる。ゲームとの接点が家庭用ゲーム機からモバイルに移り変わると、ユーザーが好むゲームソフトも変わった。モビリティーでも車内空間の特徴を生かしたゲームソフトが脚光を集める可能性がある。モバイルで歩きスマホや射幸心をあおる一部の「ガチャ」課金が社会問題になったように、新たな課題が浮上する懸念もある。

一方、家庭用ゲームには台頭するモバイルやPCに劣勢を強いられた過去がある。モビリティーが脚光を浴びる中、業界で存在感が大きいソニー・インタラクティブエンタテインメント（SIE）や米マイクロソフトの動向も注目を集める。

（2023年1月14日　日本経済新聞）

▶ 労働環境

職種：法人営業　　年齢・性別：20代前半・女性

- 仕事量が多いのは，この業界はどこも同ような気がします。
- お客様都合のため，残業せざるを得ない環境にあるといえます。
- 有休は仕事の兼ね合いで取得が可能ですが，取りにくいです。
- 店舗により雰囲気が全く違うので，働く店舗によると思います。

職種：経理　　年齢・性別：50代前半・男性

- 社員は30年戦士がほとんどで，和気あいあいとした環境です。
- 逆にいえば若い社員が少ない環境ということです。
- あと10年以内に今のポジションの社員は全員定年になります。
- なんとか綺麗に引き継ぎ出来る環境を整えてほしいと願っています。

職種：カウンターセールス　　年齢・性別：20代前半・女性

- 仕事はハードですが，繁忙期には波があるので，慣れれば平気です。
- 私のいる部署は残業を良しとしない風潮ため，定時帰社も可能です。
- 部署によっては，遅くまで残業するところもあるようですが。
- お客様都合の仕事のため，特にオンとオフのメリハリが大事です。

職種：販売・接客・ホールサービス　　年齢・性別：20代後半・男性

- 上司との関係もとても良く，結束力もあり社内の雰囲気も良好です。
- 社員同士の仲も良く，よく皆でご飯や飲みに行くことも。
- 上司は日々アドバイスをくれ，キャリアアップを応援してくれます。
- 教育制度がしっかりしているので，とても安心して働けます。

▶ 福利厚生

職種：ルートセールス　　年齢・性別：30代前半・男性

- 旅行関係の特典があるなど，福利厚生はとても充実しています。
- 試験制度（国家試験を含む）の費用は会社が負担してくれます。
- ツアー割引や，関係協力機関の特典を受けられます。
- 旅行へ行く際は航空機運賃や宿泊施設が割引になります。

職種：経理　　年齢・性別：50代後半・男性

- 家族手当はありますが住宅補助はなく，福利厚生は不十分です。
- 儲かっている会社なので住宅補助は少しあっても良い気がします。
- 食事の補助も全くなく，会社だけが潤っている感じが否めません。
- 一時金だけではない手当を充実させていってほしいと思います。

職種：販売・接客・ホールサービス　　年齢・性別：20代前半・男性

- 住宅補助はとても充実していると思います。
- とても安く社員寮に入れ，単身赴任の場合も広い寮が与えられます。
- 築年数は古めですが，立地や広さなど考えると十分満足な環境です。
- ジョブチャレンジ制度もあり，積極的に新しい仕事に挑戦できます。

職種：ホテルスタッフ　　年齢・性別：20代前半・女性

- 一般的な大企業がもつ福利厚生は一通りは揃っていると思います。
- 産休，育休や時短など，利用している女性は多くいます。
- 子どもが生まれても，働き続けることは可能です。
- 残業代は部署によってはつけにくい雰囲気があるのも事実です。

▶仕事のやりがい

職種：個人営業　　年齢・性別：20代後半・男性

・提案通りにお客様がオーダーしてくださると，やりがいを感じます。
・お客様に対して何をどう提案すれば満足していただけるか考えます。
・日頃から新聞やニュースを見て，アンテナを張ることも重要です。
・努力が結果となって見えやすいので，やる気につながります。

職種：法人営業　　年齢・性別：20代前半・女性

・誰かと競うのが好きな方にはやりがいがあり，楽しいと思います。
・社内，他社，営業所で競い合うことができる体育会系の社風です。
・成績が良いと研修旅行へ行けるため，モチベーションが上がります。
・希望すれば海外支店への移動もでき，自分の可能性が広がります。

職種：経理　　年齢・性別：20代後半・女性

・男女の区別は全くなく，結果が全てなのでやりがいがあります。
・まじめに仕事に取り組み，結果を出せば公平に評価される環境です。
・社内公募制度があり，成績次第で挑戦したい部署へ異動も可能です。
・私は支店勤務でしたが，営業成績を出し本社への異動を叶えました。

職種：販売・接客・ホールサービス　　年齢・性別：20代後半・男性

・若手でも部署によってはかなりの裁量を任されます。
・自由度も高く，自分で仕事を進めたい人には向いていると思います。
・日本だけでなく世界への発信力も大きいため，刺激があります。
・マニュアル，研修が充実しているため，自身の成長を感じられます。

▶ ブラック？ホワイト？

職種：旅行サービス関連　　年齢・性別：20代後半・女性

・毎日23時まで残業しているにも関わらず給料は少ないです。
・勤続年数が長くても，あまり給料はアップしないようです。
・ボーナスは出ない年もあり，クレジットのボーナス払いは危険です。
・退職金もこれまたほとんどないに等しいので，期待はできません。

職種：個人営業　　年齢・性別：20代後半・女性

・月に100時間を超える残業をしてもほとんど手当はつきません。
・ノルマ達成は当たり前ですが，それ以上に高い成績を求められます。
・安い商品ばかり販売しても，売上にならず給料に反映されません。
・社歴が長くても給料は上がらず，社内結婚した方はほぼ共働きです。

職種：法人営業　　年齢・性別：30代後半・男性

・昇進試験は適正試験と面接で決まりますが，評価規準が曖昧です。
・支店長の推薦（押し）と営業本部長の気持ちで変わるようです。
・実力があっても認められず，ゴマスリがはびこる歪んだ人事制度。
・どのラインにつくかで支店長や，営業本部に入れるかが決まります。

職種：旅行サービス関連　　年齢・性別：20代後半・女性

・基本給は低く，残業代はみなしで40時間までしか支払われません。
・年に2回の賞与はしっかりありましたが，微々たるものでした。
・仕事上では取った数字で評価されますが，給料は売り上げベース。
・数字的には目標達成でも給料が低い，なんてことはザラです。

▶ 女性の働きやすさ

職種：アミューズメント関連職　　年齢・性別：20代後半・男性

- 産休も取れ，女性にとってはかなり働きやすい職場だと思います。
- 妊娠中はデスクワーク主体の部署に異動することも可能です。
- 出産後落ち着いたら，元の職場に戻ることができます。
- 周りの方々も配慮してくれるので，気兼ねなく休むこともできます。

職種：アミューズメント関連職　　年齢・性別：20代後半・男性

- 産休はもちろん申請できますし，申請しやすい環境です。
- 出産後は自分で復帰のタイミングが決められます。
- 出産後に復帰して，時短勤務で仕事を続ける女性は多くいます。
- 休暇は申請すればほぼ取得できます。

職種：販売・接客・ホールサービス　　年齢・性別：30代後半・女性

- 従業員に女性が多いこともあり女性が働きやすい会社だと思います。
- 産休なども取得しやすく，職場復帰も問題なくできています。
- これまでに同僚が5名ほど産休を取得し，無事復帰してきました。
- 女性のキャリアパスについてもだいぶ整ってきていると思います。

職種：販売・接客・ホールサービス　　年齢・性別：30代後半・男性

- 産休や育休などの制度も整っており，女性は働きやすいと思います。
- 産前産後，育児休暇などは申請すれば必ず取得できます。
- 出産ギリギリまで働いて，産後落ち着いてから復帰する方もいます。
- 妊娠が発覚した時点で体に負担のない仕事内容に変更されることも。

▶ 今後の展望

職種：法人営業　　年齢・性別：30代後半・男性

・時代遅れの戦略や使いづらいシステム導入など無駄が多いため，今後，東京本社主導で事業の再建が進められると思われます。
・ビジネスモデルが崩壊しているのに今だ営業スタイルを変えません。
・今後業績は向上すると思いますが，給与は下がっていくでしょう。

職種：経理　　年齢・性別：50代後半・男性

・年功序列を廃し，成果主義が導入されています。
・成果主義が向かないポジションもあるため評価が難しい場合も。
・現在若い社員の給料が思ったほど上がっていないのも問題です。
・今後，思い切った人事制度改革が迫られると思います。

職種：経理　　年齢・性別：50代後半・男性

・有給休暇は取りやすく，女性が働きがいのある部門もあります。
・結婚，出産，育児にはまだ厳しい環境だといえます。
・男女雇用均等法は会社には好都合ですが女性には厳しい制度です。
・労働条件については，きめ細やかに整備されることが期待されます。

職種：経理　　年齢・性別：50代後半・男性

・設立当初は健康保険組合もなく，長時間労働も当たり前でしたが，4つの理念を掲げながら，上場後も躍進に躍進を重ねてきました。
・震災時にも自社の理念を実践するスタッフの姿に感慨一入でした。
・教育システムの徹底により，更なる飛躍が可能だと感じています。

エンタメ・レジャー業界　国内企業リスト （一部抜粋）

会社名	本社住所
株式会社西武ホールディングス	埼玉県所沢市くすのき台一丁目 11 番地の 1
株式会社第一興商	東京都品川区北品川 5-5-26
リゾートトラスト株式会社	名古屋市中区東桜 2-18-31
株式会社アコーディア・ゴルフ	東京都渋谷区渋谷 2 丁目 15 番 1 号
株式会社ラウンドワン	大阪府堺市堺区戎島町四丁 45 番地 1 堺駅前ポルタスセンタービル
株式会社東京ドーム	東京都文京区後楽 1 丁目 3 番 61 号
PGM ホールディングス株式会社	東京都港区高輪一丁目 3 番 13 号 NBF 高輪ビル
株式会社サンリオ	東京都品川区大崎 1-11-1 ゲートシティ大崎（ウエストタワー 14F）
東急不動産株式会社	東京都渋谷区道玄坂 1-21-2
常磐興産株式会社	福島県いわき市常磐藤原町蕨平 50 番地
シダックス株式会社	東京都渋谷区神南一丁目 12 番 13 号
株式会社イオンファンタジー	千葉県千葉市美浜区中瀬 1 丁目 5 番地 1
株式会社コシダカ ホールディングス	群馬県前橋市大友町一丁目 5-1
株式会社 AOKI ホールディングス	横浜市都筑区茅ヶ崎中央 24 番 1 号
株式会社東急レクリエーション	東京都渋谷区桜丘町 2 番 9 号 カスヤビル 6 階 7 階
富士急行株式会社	山梨県富士吉田市新西原 5 丁目 2 番 1 号
リゾートソリューション株式会社	東京都新宿区西新宿 6 丁目 24 番 1 号 西新宿三井ビルディング 12 階
アドアーズ株式会社	東京都港区虎ノ門 1 丁目 7 番 12 号 虎ノ門ファーストガーデン 9F
株式会社よみうりランド	東京都稲城市矢野口 4015 番地 1
東京都競馬株式会社	東京都大田区大森北一丁目 6 番 8 号
株式会社明治座	東京都中央区日本橋浜町 2-31-1

会社名	本社住所
株式会社ゲオディノス	北海道札幌市中央区南3条西1丁目8番地
遠州鉄道株式会社	浜松市中区旭町12-1
藤田観光株式会社	東京都文京区関口2-10-8
株式会社極楽湯	東京都千代田区麹町二丁目4番地 麹町鶴屋八幡ビル6階
株式会社鉄人化計画	東京都目黒区八雲一丁目4番6号
株式会社ウチヤマ ホールディングス	北九州市小倉北区熊本2丁目10番10号 内山第20ビル1F
株式会社ランシステム	東京都豊島区池袋2丁目43-1　池袋青柳ビル3F
グリーンランドリゾート株式会社	熊本県荒尾市下井手1616
名古屋競馬株式会社	愛知県名古屋市緑区大将ヶ根一丁目2818番地
株式会社御園座	名古屋市中区栄一丁目10番5号
株式会社メディアクリエイト	静岡県沼津市筒井町4-2
株式会社A.Cホールディングス	東京都港区芝大門一丁目2番1号　大門KSビル
株式会社横浜スタジアム	横浜市中区横浜公園
ソーシャル・エコロジー・ プロジェクト株式会社	東京都港区南青山1-11-45
朝日観光株式会社	長野県塩尻市広丘野村1610-4
株式会社大阪国際会議場	大阪市北区中之島5丁目3番51号
北陸観光開発株式会社	石川県加賀市新保町ト1－1
株式会社歌舞伎座	東京都中央区銀座四丁目12番15号
株式会社明智ゴルフ倶楽部	岐阜県恵那市明智町吉良見980-2
株式会社山田クラブ21	東京都渋谷区渋谷2丁目10番6号
株式会社千葉カントリー倶楽部	千葉県野田市蕃昌4
株式会社宍戸国際ゴルフ倶楽部	東京都港区虎ノ門3丁目7番7号

会社名	本社住所
株式会社可児ゴルフ倶楽部	可児市久々利向平 221-2
株式会社房総カントリークラブ	千葉県長生郡睦沢町妙楽寺字直沢 2300 番地
株式会社武蔵カントリー倶楽部	埼玉県入間市大字小谷田 961
三和プランニング株式会社	東京都中央区日本橋 2-8-6 SHIMA 日本橋ビル 7 階
株式会社花屋敷ゴルフ倶楽部	兵庫県三木市吉川町上荒川字松ケ浦 713 － 1
株式会社大利根カントリー倶楽部	茨城県坂東市下出島 10
株式会社セントクリーク ゴルフクラブ	愛知県豊田市月原町黒木 1-1
株式会社中山カントリークラブ	東京都千代田区神田錦町 3 丁目 13 番地 7
株式会社日高カントリー倶楽部	埼玉県日高市高萩 1203
株式会社東松山カントリークラブ	埼玉県東松山市大谷 1111
株式会社エイチ・アイ・エス	東京都新宿区西新宿 6-8-1 新宿オークタワー 29 階
株式会社農協観光	東京都千代田区外神田一丁目 16 番 8 号 N ツアービル
株式会社ユーラシア旅行社	東京都千代田区平河町 2-7-4 砂防会館別館 4F
株式会社一休	東京都港区赤坂 3-3-3 住友生命赤坂ビル 8F
株式会社ニッコウトラベル	東京都中央区京橋 1-1-1 八重洲ダイビル 2 階
東京テアトル株式会社	東京都中央区銀座 1-16-1
株式会社創通	東京都港区浜松町 2-4-1 世界貿易センタービル 26F
株式会社オーエス	大阪市西成区南津守 6 丁目 5 番 53 号 オーエス大阪ビル
中日本興業株式会社	名古屋市中村区名駅四丁目 7 番 1 号 ミッドランドスクエア 15F
株式会社きんえい	大阪市阿倍野区阿倍野筋 1 丁目 5 番 1 号
株式会社東京楽天地	東京都墨田区江東橋 4-27-14
スバル興業株式会社	東京都千代田区有楽町一丁目 10 番 1 号

会社名	本社住所
静活株式会社	静岡県静岡市葵区七間町 8 番地の 20 毎日江崎ビル 5F
武蔵野興業 株式会社	東京都新宿区新宿三丁目 27 番 10 号
株式会社東京臨海 ホールディングス	東京都江東区青海二丁目 5 番 10 号
株式会社東京国際フォーラム	東京都千代田区丸の内三丁目 5 番 1 号 東京国際フォーラム 11 階
株式会社クリエイティブマン プロダクション	渋谷区神宮前 6-19-20 第 15 荒井ビル 8F
ソワード株式会社	鹿児島市西千石町 14-10-101
清水興業 株式会社	広島県広島市南区的場町二丁目 1 番 15 号 清水観光ビル
株式会社ムーヴ	大阪市中央区淡路町 4-5-4　京音ビル 3 階
株式会社キョードー東北	宮城県仙台市青葉区一番町 4-6-1 仙台第一生命タワービルディング 16F
株式会社キョードー東京	東京都港区北青山 3-6-18 共同ビル
株式会社キョードー大阪	大阪市北区中之島 2-3-18 中之島フェスティバルタワー 3F
株式会社キョードー西日本	福岡市中央区天神 2-8-41　福岡朝日会館 8F
株式会社キョードー横浜	神奈川県横浜市中区本町 4 丁目 40
株式会社キョードー北陸	新潟県新潟市中央区天神 1 丁目 12-8 LEXN B 7 階
株式会社キョードー東海	名古屋市中区錦 3-15-15 CTV 錦ビル 7F
株式会社キョードー札幌	札幌市中央区大通西 7 丁目ダイヤビル 10 階
株式会社 テツ コーポレーション	名古屋市東区葵一丁目 7-17
株式会社宮地商会	東京都千代田区神田小川町 1-4
協愛株式会社	大阪市北区西天満 3 丁目 8 番 20 号　協愛ビル
株式会社エスエルディー	東京都渋谷区桜丘町 22-14 NES ビル N 棟 1F
株式会社遊楽	埼玉県さいたま市浦和区高砂 2-8-16
サントリーパブリシティサービス 株式会社	東京都千代田区永田町 2-13-5 赤坂エイトワンビル 3F

会社名	本社住所
株式会社ビーコム	神奈川県横浜市中区羽衣町 1 丁目 1 番 1 号
株式会社タツミコーポレーション	兵庫県明石市松の内 2 丁目 3-9 親和ビル 5F
株式会社延田エンタープライズ	大阪市中央区心斎橋筋 2-1-6
株式会社太陽グループ	札幌市中央区南 1 条西 4 丁目 4 番地 1
株式会社キャスブレーン	神奈川県横浜市鶴見区鶴見中央 3-4-25
株式会社パラッツォ 東京プラザグループ	東京都新宿区西新宿 6 丁目 8 番 1 号
株式会社マルハン	京都市上京区出町今出川上る青龍町 231
株式会社コンチェルト	東京都豊島区東池袋 3-1-1　サンシャイン 60　37F
株式会社ウエルネスサプライ	大阪市西区北堀江 2 丁目 1 番 11 号 久我ビル北館 9F
株式会社オーエンス	東京都中央区築地 4-1-17　銀座大野ビル 9F
株式会社札幌ドーム	札幌市豊平区羊ケ丘 1 番地（札幌ドーム内）
株式会社ナゴヤドーム	名古屋市東区大幸南一丁目 1 番 1 号
株式会社 大阪シティドーム	大阪市西区千代崎 3 丁目中 2 番 1 号
神戸ウイングスタジアム株式会社	神戸市兵庫区御崎町 1 丁目 2 番地 2
株式会社ダイナム	東京都荒川区西日暮里 2-27-5
株式会社ガイア	東京都中央区日本橋横山町 7-18
長島商事株式会社	鹿児島市与次郎一丁目 6 番 14 号

第3章

就職活動のはじめかた

入りたい会社は決まった。しかし「就職活動とはそもそ
も何をしていいのかわからない」「どんな流れで進むか
わからない」という声は意外と多い。ここでは就職活
動の一般的な流れや内容，対策について解説していく。

▶就職活動のスケジュール

3月	**4月**	**6月**

就職活動スタート

2025年卒の就活スケジュールは,経団連と政府を中心に議論され,2024年卒の採用選考スケジュールから概ね変更なしとされている。

エントリー受付・提出

OB・OG訪問

企業の説明会には積極的に参加しよう。独自の企業研究だけでは見えてこなかった新たな情報を得る機会であるとともに,モチベーションアップにもつながる。また,説明会に参加した者だけに配布する資料などもある。

合同企業説明会　　**個別企業説明会**

筆記試験・面接試験等始まる（3月〜）

内々定（大手企業）

2月末までにやっておきたいこと

就職活動が本格化する前に,以下のことに取り組んでおこう。
　◎自己分析　◎インターンシップ　◎筆記試験対策
　◎業界研究・企業研究　◎学内就職ガイダンス
自分が本当にやりたいことはなにか,自分の能力を最大限に活かせる会社はどこか。自己分析と企業研究を重ね,それを文章などにして明確にしておき,面接時に最大限に活用できるようにしておこう。

7月　　　　　　　　　　**8月**　　　　　　　　　　**10月**

中小企業採用本格化

内定者の数が採用予定数に満た
ない企業,1年を通して採用を継
続している企業,夏休み以降に採
用活動を実施企業(後期採用)は
採用活動を継続して行っている。
大企業でも後期採用を行っている
こともあるので,企業から内定が
出ても,納得がいかなければ継続
して就職活動を行うこともある。

中小企業の採用が本格化するのは大手
企業より少し遅いこの時期から。HP
などで採用情報をつかむとともに,企
業研究も怠らないようにしよう。

内々定とは10月1日以前に通知（電話等）
されるもの。内定に関しては現在協定があり,
10月1日以降に文書等にて通知される。

内々定（中小企業）　　　　内定式（10月～）

どんな人物が求められる？

多くの企業は，常識やコミュニケーション能力があり，社会のできごと
に高い関心を持っている人物を求めている。これは「会社の一員とし
て将来の企業発展に寄与してくれるか」という視点に基づく，もっとも
普遍的な選考基準だ。もちろん，「自社の志望を真剣に考えているか」
「自社の製品，サービスにどれだけの関心を向けているか」という熱
意の部分も重要な要素になる。

就活ロールプレイ！

理論編 STEP 1　就職活動のスタート

内定までの道のりは，大きく分けると以下のようになる。

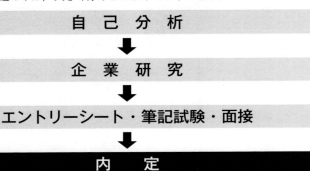

自　己　分　析

↓

企　業　研　究

↓

エントリーシート・筆記試験・面接

↓

内　　定

01 まず自己分析からスタート

　就職活動とは，「企業に自分をPRすること」。自分自身の興味，価値観に加えて，強み・能力という要素が加わって，初めて企業側に「自分が働いたら，こういうポイントで貢献できる」と自分自身を売り込むことができるようになる。

■自分の来た道を振り返る

　自己分析をするための第一歩は，「振り返ってみる」こと。

　小学校，中学校など自分のいた"場"ごとに何をしたか（部活動など），何を学んだか，交友関係はどうだったか，興味のあったこと，覚えている印象的なことを書き出してみよう。

■テストを受けてみる

　"自分では気がついていない能力"を客観的に検査してもらうことで，自分に向いている職種が見えてくる。下記の5種類が代表的なものだ。

①職業適性検査　　②知能検査　　③性格検査

④職業興味検査　　⑤創造性検査

■先輩や専門家に相談してみる

　就職活動をするうえでは，"いかに他人に自分のことをわかってもらうか"が重要なポイント。他者の視点で自分を分析してもらうことで，より客観的な視点で自己PRができるようになる。

自己分析の流れ
❏過去の経験を書いてみる
❏現在の自己イメージを明確にする…行動，考え方，好きなものなど。
❏他人から見た自分を明確にする
❏将来の自分を明確にしてみる…どのような生活をおくっていたいか。期待，夢，願望。なりたい自分はどういうものか，掘り下げて考える。→自己分析結果を，志望動機につなげていく。

01 企業の絞り込み

志望企業の絞り込みについての考え方は大きく分けて2つある。

第1は，同一業種の中で1次候補，2次候補……と絞り込んでいく方法。

第2は，業種を1次，2次，3次候補と変えながら，それぞれに2社程度ずつ絞り込んでいく方法。

第1の方法では，志望する同一業種の中で，一流企業，中堅企業，中小企業，縁故などがある歯止めの会社……というふうに絞り込んでいく。

第2の方法では，自分が最も望んでいる業種，将来好きになれそうな業種，発展性のある業種，安定性のある業種，現在好況な業種……というふうに区別して，それぞれに適当な会社を絞り込んでいく。

02 情報の収集場所

・キャリアセンター

・新聞

・インターネット

・企業情報

『就職四季報』（東洋経済新報社刊），『日経会社情報』（日本経済新聞社刊）などの企業情報。この種の資料は本来"株式市場"についての資料だが，その時期の景気動向を含めた情報を仕入れることができる。

・経済雑誌

『ダイヤモンド』（ダイヤモンド社刊）や『東洋経済』（東洋経済新報社刊），『エコノミスト』（毎日新聞出版刊）など。

・OB・OG／社会人

①成長力

まず"売上高"。次に資本力の問題や利益率などの比率。いくら資本金があっても，それを上回る膨大な借金を抱えていて，いくら稼いでも利払いに追われまくるようでは，成長できないし，安定できない。

成長力を見るには自己資本率を割り出してみる。自己資本を総資本で割って100を掛けると自己資本率がパーセントで出てくる。自己資本の比率が高いほうが成長力もあり安定度も高い。

利益率は純利益を売上高で割って100を掛ける。利益率が高ければ，企業はどんどん成長するし，社員の待遇も上昇する。利益率が低いということは，仕事がどんなに忙しくても利益にはつながらないということになる。

②技術力

技術力は，短期的な見方と長期的な展望が必要になってくる。研究部門が適切な規模か，大学など企業外の研究部門との連絡があるか，先端技術の分野で開発を続けているかどうかなど。

③経営者と経営形態

会社が将来，どのような発展をするか，または衰退するかは経営者の経営哲学，経営方針によるところが大きい。社長の経歴を知ることも必要。創始者の息子，孫といった親族が社長をしているのか，サラリーマン社長か，官庁などからの天下りかということも大切なチェックポイント。

④社風

社風というのは先輩社員から後輩社員に伝えられ，教えられるもの。社風もいろいろな面から必ずチェックしよう。

⑤安定性

企業が成長しているか，安定しているかということは車の両輪。どちらか片方の回転が遅くなっても企業はバランスを失う。安定し，しかも成長する。これが企業として最も理想とするところ。

⑥待遇

初任給だけを考えてみても，それが手取りなのか，基本給なのか。基本給というのはボーナスから退職金，定期昇給の金額にまで響いてくる。また，待遇というのは給与ばかりではなく，福利厚生施設でも大きな差が出てくる。

■そのほかの会社比較の基準

1. ゆとり度

休暇制度は，企業によって独自のものを設定しているところもある。「長期休暇制度」といったものなどの制定状況と，また実際に取得できているかどうかも調べたい。

2. 独身寮や住宅設備

最近では，社宅は廃止し，住宅手当を多く出すという流れもある。寮や社宅についての福利厚生は調べておく。

3. オフィス環境

会社に根づいた慣習や社員に対する考え方が，意外にオフィスの設備やレイアウトに表れている場合がある。

たとえば，個人の専有スペースの広さや区切り方，パソコンなどOA機器の設置状況，上司と部下の机の配置など，会社によってずいぶん違うもの。玄関ロビーや受付の様子を観察するだけでも，会社ごとのカラーや特徴がどこかに見えてくる。

4. 勤務地

転勤はイヤ，どうしても特定の地域で生活していきたい。そんな声に応えて，最近は流通業などを中心に，勤務地限定の雇用制度を取り入れる企業も増えている。

---

column　初任給では分からない本当の給与

会社の給与水準には「初任給」「平均給与」「平均ボーナス」「モデル給与」など，判断材料となるいくつかのデータがある。これらのデータからその会社の給料の優劣を判断するのは非常に難しい。

たとえば中小企業の中には，初任給が飛び抜けて高い会社がときどきある。しかしその後の昇給率は大きくないのがほとんど。

一方，大手企業の初任給は業種間や企業間の差が小さく，ほとんど横並びと言っていい。そこで，「平均給与」や「平均ボーナス」などで将来の予測をするわけだが，これは一応の目安とはなるが，個人差があるので正確とは言えない。

■決定版「就職ノート」はこう作る

　1冊にすべて書き込みたいという人には，ルーズリーフ形式のノートがお勧め。会社研究，スケジュール，時事用語，OB／OG訪問，切り抜きなどの項目を作りインデックスをつける。

　カレンダー，説明会，試験などのスケジュール表を貼り，とくに会社別の説明会，面談，書類提出，試験の日程がひと目で分かる表なども作っておく。そして見開き2ページで1社を載せ，左ページに企業研究，右ページには志望理由，自己PRなどを整理する。

就職ノートの主なチェック項目

❏企業研究…資本金，業務内容，従業員数など基礎的な会社概要から，過去の採用状況，業務報告などのデータ

❏採用試験メモ…日程，条件，提出書類，採用方法，試験の傾向など

❏店舗・営業所見学メモ…流通関係，銀行などの場合は，客として訪問し，商品（値段，使用価値，ユーザーへの配慮），店員（接客態度，商品知識，熱意，親切度），店舗（ショーケース，陳列の工夫，店内の清潔さ）などの面をチェック

❏OB／OG訪問メモ…OB／OGの名前，連絡先，訪問日時，面談場所，質疑応答のポイント，印象など

❏会社訪問メモ…連絡先，人事担当者名，会社までの交通機関，最寄り駅からの地図，訪問のときに得た情報や印象，訪問にいたるまでの経過も記入

　「OB／OG訪問」は，実際は採用予備選考開始。まず，OB／OG訪問を希望したら，大学のキャリアセンター，教授などの紹介で，志望企業に勤める先輩の手がかりをつかむ。もちろん直接電話なり手紙で，自分の意向を会社側に伝えてもいい。自分の在籍大学，学部をはっきり言って，「先輩を紹介していただけないでしょうか」と依頼しよう。

参考　✎ **OB／OG訪問時の質問リスト例**

●**採用について**
- ・成績と面接の比重
- ・評価のポイント
- ・採用までのプロセス（日程）
- ・筆記試験の傾向と対策
- ・面接は何回あるか
- ・コネの効力はどうか
- ・面接で質問される事項　etc.

●**仕事について**
- ・内容（入社10年，20年のOB/OG）
- ・新入社員の仕事
- ・希望職種につけるのか
- ・やりがいはどうか
- ・残業，休日出勤，出張など
- ・同業他社と比較してどうか　etc.

●**社風について**
- ・社内のムード
- ・上司や同僚との関係
- ・仕事のさせ方　etc.

●**待遇について**
- ・給与について
- ・福利厚生の状態
- ・昇進のスピード
- ・離職率について　etc.

---

06 インターンシップ

インターンシップとは，学生向けに企業が用意している「就業体験」プログラム。ここで学生はさまざまな企業の実態をより深く知ることができ，その後の就職活動において自己分析，業界研究，職種選びなどに活かすことができる。また企業側にとっても有能な学生を発掘できるというメリットがあるため，導入する企業は増えている。

インターンシップ参加が採用につながっているケースもあるため，たくさん参加してみよう。

---

column コネを利用するのも１つの手段？

コネを活用できるのは，以下のような場合である。

・企業と大学に何らかの「連絡」がある場合

企業の新卒採用の場合，特定校・指定校が決められていることもある。企業側が過去の実績などに基づいて決めており，大学の力が大きくものをいう。

とくに理工系では，指導教授や研究室と企業との連絡が密接な場合が多く，教授の推薦が有利であることは言うまでもない。同じ大学出身の先輩とのコネも，この部類に区分できる。

・志望企業と「関係」ある人と関係がある場合

一般的に言えば，志望企業の取り引き先関係からの紹介というのが一番多い。ただし，年間億単位の実績が必要で，しかも部長・役員以上につながっていなければコネがあるとは言えない。

・志望企業と何らかの「親しい関係」がある場合

志望企業に勤務したりアルバイトをしていたことがあるという場合。インターンシップもここに分類される。職場にも馴染みがあり人間関係もできているので，就職に際してきわめて有利。

・志望会社に関係する人と「縁故」がある場合

縁故を「血縁関係」とした場合，日本企業ではこのコネはかなり有効なところもある。ただし，血縁者が同じ会社にいるというのは不都合なことも多いので，どの企業も慎重。

1. 受付の様子

　受付事務がテキパキとしていて，分かりやすいかどうか。社員の態度が親切で誠意が伝わってくるかどうか。

　こういった受付の様子からでも，その会社の社員教育の程度や，新入社員採用に対する熱意とか期待を推し測ることができる。

2. 控え室の様子

　控え室が2カ所以上あって，国立大学と私立大学の訪問者とが，別々に案内されているようなことはないか。また，面談の順番を意図的に変えているようなことはないか。これはよくある例で，すでに大半は内定しているということを意味する場合が多い。

3. 社内の雰囲気

　社員の話し方，その内容を耳にはさむだけでも，社風が伝わってくる。

4. 面談の様子

　何時間も待たせたあげくに，きわめて事務的に，しかも投げやりな質問しかしないような採用担当者である場合，この会社は人事が適正に行われていないということだから，一考したほうがよい。

参考 ▶ 説明会での質問項目

・質問内容が抽象的でなく，具体性のあるものかどうか。

・質問内容は，現在の社会・経済・政治などの情況を踏まえた，
　大学生らしい高度で専門性のあるものか。

・質問をするのはいいが，「それでは，あなたの意見はどうか」と
　逆に聞かれたとき，自分なりの見解が述べられるものであるか。

　提出する書類は6種類。①〜③が大学に申請する書類，④〜⑥が自分で書く書類だ。大学に申請する書類は一度に何枚も入手しておこう。

- ①「卒業見込証明書」
- ②「成績証明書」
- ③「健康診断書」
- ④「履歴書」
- ⑤「エントリーシート」
- ⑥「会社説明会アンケート」

■自分で書く書類は「自己PR」

　第1次面接に進めるか否かは「自分で書く書類」の出来にかかっている。「履歴書」と「エントリーシート」は会社説明会に行く前に準備しておくもの。「会社説明会アンケート」は説明会の際に書き，その場で提出する書類だ。

01 履歴書とエントリーシートの違い

　Webエントリーを受け付けている企業に資料請求をすると，資料と一緒に「エントリーシート」が送られてくるので，応募サイトのフォームやメールでエントリーシートを送付する。Webエントリーを行っていない企業には，ハガキやメールで資料請求をする必要があるが，「エントリーシート」は履歴書とは異なり，企業が設定した設問に対して回答するもの。すなわちこれが「1次試験」であり，これにパスをした人だけが会社説明会に呼ばれる。

■字はていねいに

字を書くところから，その企業に対する"本気度"は測られている。

■誤字，脱字は厳禁

使用するのは，黒のインク。

■修正液使用は不可

■数字は算用数字

■自分の広告を作るつもりで書く

自分はこういう人間であり，何がしたいかということを簡潔に書く。メリットになることだけで良い。自分に損になるようなことを書く必要はない。

■「やる気」を示す具体的なエピソードを

「私はやる気があります」「私は根気があります」という抽象的な表現だけではNG。それを示すエピソードのようなものを書かなくては意味がない。

Point

自己紹介欄の項目はすべて「自己PR」。自分はこういう人間であることを印象づけ，それがさらに企業への「志望動機」につながっていくような書き方をする。

---

column　履歴書やエントリーシートは，共通でもいい？

「履歴書」や「エントリーシート」は企業によって書き分ける。業種はもちろん，同じ業界の企業であっても求めている人材が違うからだ。各書類は提出前にコピーを取り，さらに出した企業名を忘れずに書いておくことも大切だ。

写真	スナップ写真は不可。 スーツ着用で，胸から上の物を使用する。ポイントは「清潔感」。 氏名・大学名を裏書きしておく。
日付	郵送の場合は投函する日，持参する場合は持参日の日付を記入する。
生年月日	西暦は避ける。元号を省略せずに記入する。
氏名	戸籍上の漢字を使う。印鑑押印欄があれば忘れずに押す。
住所	フリガナ欄がカタカナであればカタカナで，平仮名であれば平仮名で記載する。
学歴	最初の行の中央部に「学□□歴」と2文字程度間隔を空けて，中学校卒業から大学（卒業・卒業見込み）まで記入する。 中途退学の場合は，理由を簡潔に記載する。留年は記入する必要はない。 職歴がなければ，最終学歴の一段下の行の右隅に，「以上」と記載する。
職歴	最終学歴の一段下の行の中央部に「職□□歴」と2文字程度間隔を空け記入する。 「株式会社」や「有限会社」など，所属部門を省略しないで記入する。 「同上」や「〃」で省略しない。 最終職歴の一段下の行の右隅に，「以上」と記載する。
資格・免許	4級以下は記載しない。学習中のものも記載して良い。 「普通自動車第一種運転免許」など，省略せずに記載する。
趣味・特技	具体的に（例：読書でもジャンルや好きな作家を）記入する。
志望理由	その企業の強みや良い所を見つけ出したうえで，「自分の得意な事」がどう活かせるかなどを考えぬいたものを記入する。
自己PR	応募企業の事業内容や職種にリンクするような，自分の経験やスキルなどを記入する。
本人希望欄	面接の連絡方法，希望職種・勤務地などを記入する。「特になし」や空白はNG。
家族構成	最初に世帯主を書き，次に配偶者，それから家族を祖父母，兄弟姉妹の順に。続柄は，本人から見た間柄。兄嫁は，義姉と書く。
健康状態	「良好」が一般的。

01 エントリーシートの目的

・応募者を，決められた採用予定者数に絞り込むこと

・面接時の資料にする

の2つ。

■知りたいのは職務遂行能力

　採用担当者が学生を見る場合は，「こいつは与えられた仕事をこなせるかどう
か」という目で見ている。企業に必要とされているのは仕事をする能力なのだ。

― Point ―

質問に忠実に，"自分がいかにその会社の求める人材に当てはまるか"を
丁寧に答えること。

02 効果的なエントリーシートの書き方

■情報を伝える書き方

　課題をよく理解していることを相手に伝えるような気持ちで書く。

■文章力

　大切なのは全体のバランスが取れているか。書く前に，何をどれくらいの字
数で収めるか計算しておく。

　「起承転結」でいえば，「起」は，文章を起こす導入部分。「承」は，起を受け
て，その提起した問題に対して承認を求める部分。「転」は，自説を展開する
部分。もっともオリジナリティが要求される。「結」は，最後の締めの結論部分。
文章の構成・まとめる力で，総合的な能力が高いことをアピールする。

エントリーシートでよく取り上げられる題材と，その出題意図

　エントリーシートで求められるものは，「自己PR」「志望動機」「将来どうなりたいか（目指すこと）」の3つに大別される。

1.「自己PR」

　自己分析にしたがって作成していく。重要なのは，「なぜそうしようと思ったか？」「○○をした結果，何が変わったのか？何を得たのか？」という"連続性"が分かるかどうかがポイント。

2.「志望動機」

　自己PRと一貫性を保ち，業界志望理由と企業志望理由を差別化して表現するように心がける。志望する業界の強みと弱み，志望企業の強みと弱みの把握は基本。

3.「将来の展望」

　どんな社員を目指すのか，仕事へはどう臨もうと思っているか，目標は何か，などが問われる。仕事内容を事前に把握しておくだけでなく，5年後の自分，10年後の自分など，具体的な将来像を描いておくことが大切。

表現力，理解力のチェックポイント

❑文法，語法が正しいかどうか

❑論旨が論理的で一貫しているかどうか

❑1センテンスが簡潔かどうか

❑表現が統一されているかどうか（「です，ます」調か「だ，である」調か）

01 個人面接

●自由面接法

　面接官と受験者のキャラクターやその場の雰囲気，質問と応答の進行具合などによって雑談形式で自由に進められる。

●標準面接法

　自由面接法とは逆に，質問内容や評価の基準などがあらかじめ決まっている。実際には自由面接法と併用で，おおまかな質問事項や判定基準，評価ポイントを決めておき，質疑応答の内容上の制限を緩和しておくスタイルが一般的。1次面接などでは標準面接法をとり，2次以降で自由面接法をとる企業も多い。

●非指示面接法

　受験者に自由に発言してもらい，面接官は話題を引き出したりするときなど，最小限の質問をするという方法。

●圧迫面接法

　わざと受験者の精神状態を緊張させ，受験者がどのような応答をするかを観察し，判定する。受験者は，冷静に対応することが肝心。

02 集団面接

　面接の方法は個人面接と大差ないが，面接官がひとつの質問をして，受験者が順にそれに答えるという方法と，面接官が司会役になって，座談会のような形式で進める方法とがある。

　座談会のようなスタイルでの面接は，なるべく受験者全員が関心をもっているような話題を取りあげ，意見を述べさせるという方法。この際，司会役以外の面接官は一言も発言せず，判定・評価に専念する。

グループディスカッション（以下，GD）の時間は30～60分程度，1グループの人数は5～10人程度で，司会は面接官が行う場合や，時間を決めて学生が交替で行うことが多い。面接官は内容については特に指示することはなく，受験者がどのようにGDを進めるかを観察する。

評価のポイントは，全体的には理解力，表現力，指導性，積極性，協調性など，個別的には性格，知識，適性などが観察される。

GDの特色は，集団の中での個人ということで，受験者の能力がどの程度のものであるか，また，どのようなことに向いているかを判定できること。受験者は，グループの中における自分の位置を面接官に印象づけることが大切だ。

グループディスカッション方式の面接におけるチェックポイント

❏全体の中で適切な論点を提供できているかどうか。

❏問題解決に役立つ知識を持っているか，また提供できているかどうか。

❏もつれた議論を解きほぐし，的はずれの議論を元に引き戻す努力をしているかどうか。

❏グループ全体としての目標をいつも考えているかどうか。

❏感情的な対立や攻撃をしかけているようなことはないか。

❏他人の意見に耳を傾け，よい意見には賛意を表し，それを全体に推し広げようという寛大さがあるかどうか。

❏議論の流れを自然にリードするような主導性を持っているかどうか。

❏提出した意見が議論の進行に大きな影響を与えているかどうか。

04 面接時の注意点

●控え室

控え室には，指定された時間の15分前には入室しよう。そこで担当の係から，面接に際しての注意点や手順の説明が行われるので，疑問点は積極的に聞くようにし，心おきなく面接にのぞめるようにしておこう。会社によっては，所定のカードに必要事項を書き込ませたり，お互いに自己紹介をさせたりする場合もある。また，この控え室での行動も細かくチェックして，合否の資料にしている会社もある。

●入室・面接開始

係員がドアの開閉をしてくれる場合もあるが，それ以外は軽くノックして入室し，必ずドアを閉める。そして入口近くで軽く一礼し，面接官か補助員の「どうぞ」という指示で正面の席に進み，ここで再び一礼をする。そして，学校名と氏名を名のって静かに着席する。着席時は，軽く椅子にかけるようにする。

●面接終了と退室

面接の終了が告げられたら，椅子から立ち上がって一礼し，椅子をもとに戻して，面接官または係員の指示を受けて退室する。

その際も，ドアの前で面接官のほうを向いて頭を下げ，静かにドアを開閉する。控え室に戻ったら，係員の指示を受けて退社する。

05 面接試験の評定基準

●協調性

企業という「集団」では，他人との協調性が特に重視される。

感情や態度が円満で調和がとれていること，極端に好悪の情が激しくなく，物事の見方や考え方が穏健で中立であることなど，職場での人間関係を円滑に進めていくことのできる人物かどうかが評価される。

●話し方

外観印象的には，言語の明瞭さや応答の態度そのものがチェックされる。小さな声で自信のない発言，乱暴野卑な発言は減点になる。

考えをまとめたら，言葉を選んで話すくらいの余裕をもって，真剣に応答しようとする姿勢が重視される。軽率な応答をしたり，まして発言に矛盾を指摘されるような事態は極力避け，もしそのような状況になりそうなときは，自分の非を認めてはっきりと謝るような態度を示すべき。

●好感度

実社会においては，外観による第一印象が，人間関係や取引に大きく影響を及ぼす。

「フレッシュな爽やかさ」に加え，入社志望など，自分の意思や希望をより明確にすることで，強い信念に裏づけられた姿勢をアピールできるよう努力したい。

●判断力

何を質問されているのか，何を答えようとしているのか，常に冷静に判断していく必要がある。

●表現力

話に筋道が通り理路整然としているか，言いたいことが簡潔に言えるか，話し方に抑揚があり聞く者に感銘を与えるか，用語が適切でボキャブラリーが豊富かどうか。

●積極性

活動意欲があり，研究心旺盛であること，進んで物事に取り組み，創造的に解決しようとする意欲が感じられること，話し方にファイトや情熱が感じられること，など。

●計画性

見通しをもって順序よく合理的に仕事をする性格かどうか，またその能力の有無。企業の将来性のなかに，自分の将来をどうかみ合わせていこうとしているか，現在の自分を出発点として，何を考え，どんな仕事をしたいのか。

●安定性

情緒の安定は，社会生活に欠くことのできない要素。自分自身をよく知っているか，他の人に流されない信念をもっているか。

●誠実性

自分に対して忠実であろうとしているか，物事に対してどれだけ誠実な考え方をしているか。

●社会性

企業は集団活動なので，自分の考えに固執したり，不平不満が多い性格は向かない。柔軟で適応性があるかどうか。

清潔感や明朗さ，若々しさといった外観面も重視される。

06 面接試験の質問内容

1. 志望動機

受験先の概要や事業内容はしっかりと頭の中に入れておく。また，その企業の企業活動の社会的意義と，自分自身の志望動機との関連を明確にしておく。「安定している」「知名度がある」「将来性がある」といった利己的な動機，「自

分の性格に合っている」というような，あいまいな動機では説得力がない。安定性や将来性は，具体的にどのような企業努力によって支えられているのかという考察も必要だし，それに対する受験者自身の評価や共感なども問われる。

①どうしてその業種なのか

②どうしてその企業なのか

③どうしてその職種なのか

以上の①〜③と，自分の性格や資質，専門などとの関連性を説明できるようにしておく。

自分がどうしてその会社を選んだのか，どこに大きな魅力を感じたのかを，できるだけ具体的に，情熱をもって語ることが重要。自分の長所と仕事の適性を結びつけてアピールし，仕事のやりがいや仕事に対する興味を述べるのもよい。

■複数の企業を受験していることは言ってもいい？

同じ職種，同じ業種で何社かかけもちしている場合，正直に答えてもかまわない。しかし，「第一志望はどこですか」というような質問に対して，正直に答えるべきかどうかというと，やはりこれは疑問がある。どんな会社でも，他社を第一志望にあげられれば，やはり愉快には思わない。

また，職種や業種の異なる会社をいくつか受験する場合も同様で，極端に性格の違う会社をあげれば，その矛盾を突かれるのは必至だ。

2. 仕事に対する意識・職業観

採用試験の段階では，次年度の配属予定が具体的に固まっていない会社もかなりある。具体的に職種や部署などを細分化して募集している場合は別だが，そうでない場合は，希望職種をあまり狭く限定しないほうが賢明。どの業界においても，採用後，新入社員には，研修としてその会社の各セクションをひと通り経験させる企業は珍しくない。そのうえで，具体的な配属計画を検討するのだ。

大切なことは，就職や職業というものを，自分自身の生き方の中にどう位置づけるか，また，自分の生活の中で仕事とはどういう役割を果たすのかを考えてみること。つまり自分の能力を活かしたい，社会に貢献したい，自分の存在価値を社会的に実現してみたい，ある分野で何か自分の力を試してみたい……，などの場合を考え，それを自分自身の人生観，志望職種や業種などとの関係を考えて組み立ててみる。自分の人生観をもとに，それを自分の言葉で表現できるようにすることが大切。

3. 自己紹介・自己PR

性格そのものを簡単に変えたり，欠点を克服したりすることは実際には難しいが，"仕方がない"という姿勢を見せることは禁物で，どんなささいなことでも，努力している面をアピールする。また一般的にいって，専門職を除けば，就職時になんらかの資格や技能を要求する企業は少ない。

ただ，資格をもっていれば採用に有利とは限らないが，専門性を要する業種では考慮の対象とされるものもある。たとえば英検，簿記など。

企業が学生に要求しているのは，4年間の勉学を重ねた学生が，どのように仕事に有用であるかということで，学生の知識や学問そのものを聞くのが目的ではない。あくまで，社会人予備軍としての謙虚さと素直さを失わないようにする。

知識や学力よりも，その人の人間性，ビジネスマンとしての可能性を重視するからこそ，面接担当者は，学生生活全般について尋ねることで，書類だけでは分からない人間性を探ろうとする。

何かうち込んだものや思い出に残る経験などは，その人の人間的な成長になんらかの作用を及ぼしているものだ。どんな経験であっても，そこから受けた印象や教訓などは，明確に答えられるようにしておきたい。

4. 一般常識・時事問題

一般常識・時事問題については筆記試験の分野に属するが，面接でこうしたテーマがもち出されることも珍しくない。受験者がどれだけ社会問題に関心をもっているか，一般常識をもっているか，また物事の見方・考え方に偏りがないかなどを判定する。知識や教養だけではなく，一問一答の応答を通じて，その人の性格や適応能力まで判断されることになる。

07 面接に向けての事前準備

■面接試験1カ月前までには万全の準備をととのえる

●志望会社・職種の研究

新聞の経済欄や経済雑誌などのほか，会社年鑑，株式情報など書物による研究をしたり，インターネットにあがっている企業情報や，検索によりさまざまな角度から調べる。すでにその会社へ就職している先輩や知人に会って知識を得たり，大学のキャリアセンターへ情報を求めるなどして総合的に判断する。

■専攻科目の知識・卒論のテーマなどの整理

大学時代にどれだけ勉強してきたか，専攻科目や卒論のテーマなどを整理しておく。

■時事問題に対する準備

毎日欠かさず新聞を読む。志望する企業の話題は，就職ノートに整理するなどもアリ。

面接当日の必需品
❑必要書類（履歴書，卒業見込証明書，成績証明書，健康診断書，推薦状）
❑学生証
❑就職ノート（志望企業ファイル）
❑印鑑，朱肉
❑筆記用具（万年筆，ボールペン，サインペン，シャープペンなど）
❑手帳，ノート
❑地図（訪問先までの交通機関などをチェックしておく）
❑現金（小銭も用意しておく）
❑腕時計（オーソドックスなデザインのもの）
❑ハンカチ，ティッシュペーパー
❑くし，鏡（女性は化粧品セット）
❑シューズクリーナー
❑ストッキング
❑折りたたみ傘（天気予報をチェックしておく）
❑携帯電話，充電器

■一般常識試験

社会人として企業活動を行ううえで最低限必要となる一般常識のほか，英語，国語，社会（時事問題），数学などの知識の程度を確認するもの。

　難易度はおおむね中学・高校の教科書レベル。一般常識の問題集を1冊やっておけばよいが，業界によっては専門分野が出題されることもあるため，必ず志望する企業のこれまでの試験内容は調べておく。

■一般常識試験の対策

・**英語**　慣れておくためにも，教科書を復習する，英字新聞を読むなど。
・**国語**　漢字，四字熟語，反対語，同音異義語，ことわざをチェック。
・**時事問題**　新聞や雑誌，テレビ，ネットニュースなどアンテナを張っておく。

■適性検査

　SPI（Synthetic Personality Inventory）試験（SPI3試験）とも呼ばれ，能力テストと性格テストを合わせたもの。

　能力テストでは国語能力を測る「言語問題」と，数学能力を測る「非言語問題」がある。言語的能力，知覚能力，数的能力のほか，思考・推理能力，記憶力，注意力などの問題で構成されている。

　性格テストは「はい」か「いいえ」で答えていく。仕事上の適性と性格の傾向などが一致しているかどうかをみる。

SPIは職務への適応性を客観的にみるためのもの。

01 「論文」と「作文」

　一般に「論文」はあるテーマについて自分の意見を述べ，その論証をする文章で，必ず意見の主張とその論証という2つの部分で構成される。問題提起と論旨の展開，そして結論を書く。

　「作文」は，一般的には感想文に近いテーマ，たとえば「私の興味」「将来の夢」といったものがある。

　就職試験では「論文」と「作文」を合わせた"論作文"とでもいうようなものが出題されることが多い。

　論作文試験とは，「文章による面接」。テーマに書き手がどういう態度を持っているかを知ることが，出題の主な目的だ。受験者の知識・教養・人生観・社会観・職業観，そして将来への希望などが，どのような思考を経て，どう表現されているかによって，企業にとって，必要な人物かどうかを判断している。

　論作文の場合には，書き手の社会的意識や考え方に加え，「感銘を与える」働きが要求される。就職活動とは，企業に対し「自分をアピールすること」だということを常に念頭に置いておきたい。

Point
論文と作文の違い

	論　文	作　文
テーマ	学術的・社会的・国際的なテーマ。時事，経済問題など	個人的・主観的なテーマ。人生観，職業観など
表現	自分の意見や主張を明確に述べる。	自分の感想を述べる。
展開	四段型（起承転結）の展開が多い。	三段型（はじめに・本文・結び）の展開が多い。
文体	「だ調・である調」のスタイルが多い。	「です調・ます調」のスタイルが多い。

・テーマ

与えられた課題（テーマ）を，受験者はどのように理解しているか。

出題されたテーマの意義をよく考え，それに対する自分の意見や感情が，十分に整理されているかどうか。

・表現力

課題について本人が感じたり，考えたりしたことを，文章で的確に表しているか。

・字・用語・その他

かなづかいや送りがなが合っているか，文中で引用されている格言やことわざの類が使用法を間違えていないか，さらに誤字・脱字に至るまで，文章の基本的な力が受験者の人柄ともからんで厳密に判定される。

・オリジナリティ

魅力がある文章とは，オリジナリティを率直に出すこと。自分の感情や意見を，自分の言葉で表現する。

・生活態度

文章は，書き手の人格や人柄を映し出す。平素の社会的関心や他人との協調性，趣味や読書傾向はどうであるかといった，受験者の日常における生き方，生活態度がみられる。

・字の上手・下手

できるだけ読みやすい字を書く努力をする。また，制限字数より文章が長くなって原稿用紙の上下や左右の空欄に書き足したりすることは避ける。消しゴムで消す場合にも，丁寧に。

いずれの場合でも，表面的な文章力を問うているのではなく，受験者の人柄のほうを重視している。

マナーチェックリスト

就活において企業の人事担当は，面接試験やOG／OB訪問，そして面接試験において，あなたのマナーや言葉遣いといった，「常識力」をチェックしている。現在の自分はどのくらい「常識力」が身についているかをチェックリストで振りかえり，何ができて，何ができていないかを明確にしたうえで，今後の取り組みに生かしていこう。

評価基準　5：大変良い　4：やや良い　3：どちらともいえない　2：やや悪い　1：悪い

	項　目	評　価	メ　モ
挨拶	明るい笑顔と声で挨拶をしているか		
	相手を見て挨拶をしているか		
	相手より先に挨拶をしているか		
	お辞儀を伴った挨拶をしているか		
	直接の応対者でなくても挨拶をしているか		
表情	笑顔で応対しているか		
	表情に私的感情がでていないか		
	話しかけやすい表情をしているか		
	相手の話は真剣な顔で聞いているか		
身だしなみ	前髪は目にかかっていないか		
	髪型は乱れていないか／長い髪はまとめているか		
	髭の剃り残しはないか／化粧は健康的か		
	服は汚れていないか／清潔に手入れされているか		
	機能的で職業・立場に相応しい服装をしているか		
	華美なアクセサリーはつけていないか		
	爪は伸びていないか		
	靴下の色は適当か／ストッキングの色は自然な肌色か		
	靴の手入れは行き届いているか		
	ポケットに物を詰めすぎていないか		

	項　目	評　価	メ　モ
言葉遣い	専門用語を使わず，相手にわかる言葉で話しているか		
	状況や相手に相応しい敬語を正しく使っているか		
	相手の聞き取りやすい音量・速度で話しているか		
	語尾まで丁寧に話しているか		
	気になる言葉癖はないか		
動作	物の授受は両手で丁寧に実施しているか		
	案内・指し示し動作は適切か		
	キビキビとした動作を心がけているか		
心構え	勤務時間・指定時間の5分前には準備が完了しているか		
	心身ともに健康管理をしているか		
	仕事とプライベートの切替えができているか		

☑ 常に自己点検をするクセをつけよう

「人を表情やしぐさ，身だしなみなどの見かけで判断してはいけない」と一般にいわれている。確かに，人の個性は見かけだけではなく，内面においても見いだされるもの。しかし，私たちは人を第一印象である程度決めてしまう傾向がある。それが面接試験など初対面の場合であればなおさらだ。したがって，チェックリストにあるような挨拶，表情，身だしなみ等に注意して面接試験に臨むことはとても重要だ。ただ，これらは面接試験前にちょっと対策したからといって身につくようなものではない。付け焼き刃的な対策をして面接試験に臨んでも，面接官はあっという間に見抜いてしまう。日頃からチェックリストにあるような項目を意識しながら行動することが大事であり，そうすることで，最初はぎこちない挨拶や表情等も，その人の個性に応じたすばらしい所作へ変わっていくことができるのだ。さっそく，本日から実行してみよう。

面接試験において，印象を決定づける表情はとても大事。
どのようにすれば感じのいい表情ができるのか，ポイントを確認していこう。

明るく,温和で
柔らかな表情をつくろう

人間関係の潤滑油

表情に関しては，まずは豊かであるということがベースになってくる。うれしい表情，困った表情，驚いた表情など，さまざまな気持ちを表現できるということが，人間関係を潤いのあるものにしていく。

Point

　表情はコミュニケーションの大前提。相手に「いつでも話しかけてくださいね」という無言の言葉を発しているのが，就活に求められる表情だ。面接官が安心してコミュニケーションをとろうと思ってくれる表情。それが，明るく，温和で柔らかな表情となる。

いますぐデキる
カンタンTraining

Training 01

喜怒哀楽を表してみよう

- ・人との出会いを楽しいと思うことが表情の基本
- ・表情を豊かにする大前提は相手の気持ちに寄り添うこと
- ・目元・口元だけでなく，眉の動きを意識することが大事

Training 02

表情筋のストレッチをしよう

- ・表情筋は「ウイスキー」の発音によって鍛える
- ・意識して毎日，取り組んでみよう
- ・笑顔の共有によって相手との距離が縮まっていく

コミュニケーションは挨拶から始まり，その挨拶ひとつで印象は変わるもの。
ポイントを確認していこう。

丁寧にしっかりと
はっきり挨拶をしよう

人間関係の第一歩

挨拶は心を開いて，相手に近づくコ
ミュニケーションの第一歩。たかが
挨拶，されど挨拶の重要性をわきま
えて，きちんとした挨拶をしよう。形，
つまり"技"も大事だが，心をこめ
ることが最も重要だ。

Point

　挨拶はコミュニケーションの第一歩。相手が挨拶するのを待っているの
は望ましくない。挨拶の際のポイントは丁寧であることと，はっきり声に出
すことの2つ。丁寧な挨拶は，相手を大事にして迎えている気持ちの表れ
となる。はっきり声に出すことで，これもきちんと相手を迎えていることが
伝わる。また，相手もその応答として挨拶してくれることで，会ってすぐに
双方向のコミュニケーションが成立する。

カンタンTraining

Training **01**

3つのお辞儀をマスターしよう

① 会釈（15度）　　② 敬礼（30度）　　③ 最敬礼（45度）

・息を吸うことを意識してお辞儀をするとキレイな姿勢に
・目線は真下ではなく，床前方1.5m先ぐらいを見よう
・相手への敬意を忘れずに

Training **02**

対面時は言葉が先，お辞儀が後

・相手に体を向けて先に自ら挨拶をする
・挨拶時，相手とアイコンタクトを
　しっかり取ろう
・挨拶の後に，お辞儀をする。
　これを「語先後礼」という

コミュニケーションは「話す」よりも「聞く」ことといわれる。相手が話しやすい聞き方の，ポイントを確認しよう。

受容の立場で
傾聴しよう

相手の話を受けとめる

話を聞くときは，やや前に傾く姿勢をとる。表情と姿勢が合わさることにより，話し手の心が開き「あれも，これも話そう」という気持ちになっていく。また，「はい」と一度のお辞儀で頷くと相手の話を受け止めているというメッセージにつながる。

Point

　話をすること，話を聞いてもらうことは誰にとってもプレッシャーを伴うもの。そのため，「何でも話して良いんですよ」「何でも話を聞きますよ」「心配しなくて良いんですよ」という気持ちで聞くことが大切になる。その気持ちが聞く姿勢に表れれば，相手は安心して話してくれる。

いますぐデキる
カンタンTraining

Training 01
頷きは一度で

・相手が話した後に「はい」と
　一言発する
・頷きすぎは逆効果

Training 02
目線は自然に

・鼻の付け根あたりを見ると
　自然な印象に
・目を見つめすぎるのはNG

Training 03
話の句読点で視線を移す

・視線は話している人を見ることが基本
・複数の人の話を聞くときは句読点を意識し，
　視線を振り分けることで聞く姿勢を表す

伝わる話し方

自分の意思を相手に明確に伝えるためには，話し方が重要となる。はっきりと的確に話すためのポイントを確認しよう。

明るい発声を心がけよう

ボリュームを意識して

話すときのポイントとしては，ボリュームを意識することが挙げられる。会議室の一番奥にいる人に声が届くように意識することで，声のボリュームはコントロールされていく。

Point

コミュニケーションとは「伝達」すること。どのようなことも，適当に伝えるのではなく，伝えるべきことがきちんと相手に届くことが大切になる。そのためには，はっきりと，分かりやすく，丁寧に，心を込めて話すこと。言葉だけでなく，表情やジェスチャーを加えることも有効。

いますぐデキる
カンタンTraining

Training 01
腹式呼吸で発声練習

- 「あえいうえおあお」と発声する
- 腹式呼吸は，胸部をなるべく動かさ ずに，息を吸うときにお腹や腰が膨 らむよう意識する呼吸法

Training 02
早口言葉にチャレンジ

おあやや
母親に
お謝り

- 「おあやや，母親に，お謝り」と早口で
- 口がすぼまった「お」と口が開いた 「あ」の発音に，変化をつけられる かがポイント

Training 03
ジェスチャーを有効活用

- 腰より上でジェスチャーをする
- 体から離した位置に手をもっていく
- ジェスチャーをしたら戻すところを さだめておく

身だしなみはその人自身を表すもの。身だしなみの基本について，ポイントを
確認しよう。

清潔感,さわやかさを
醸し出せるようにしよう

プロの企業人に
ふさわしい身だしなみを

信頼感，安心感をもたれる身だしな
みを考えよう。TPOに合わせた服装は，
すなわち"礼"を表している。そして，
身だしなみには，「清潔感」，「品のよさ」，
「控え目である」という，3つのポイ
ントがある。

Point

相手との心理的な距離や物理的な距離が遠ければ，コミュニケーションは
成立しにくくなる。見た目が不潔では誰も近付いてこない。身だしなみが
清潔であること，爽やかであることは相手との距離を縮めることにも繋がる。

いますぐデキる
カンタンTraining

Training 01
髪型，服装を整えよう

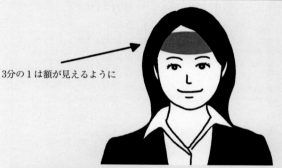

3分の1は額が見えるように

- 男性も女性も眉が見える髪型が望ましい。3分の1は額が見えるように。額は知性と清潔感を伝える場所。男性の髪の長さは耳や襟にかからないように
- スーツで相手の前に立つときは，ボタンはすべて留める。男性の場合は下のボタンは外す

Training 02
おしゃれとの違いを明確に

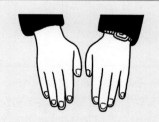

- 爪はできるだけ切りそろえる
- 爪の中の汚れにも注意
- ジェルネイル，ネイルアートはNG

Training 03
足元にも気を配って

- 女性の場合はパンプス，男性の場合は黒の紐靴が望ましい
- 靴はこまめに汚れを落とし見栄えよく

姿勢にはその人の意欲が反映される。前向き，活動的な姿勢を表すにはどうしたらよいか，ポイントを確認しよう。

前向き,活動的な 姿勢を維持しよう

一直線と左右対称

正しい立ち姿として，耳，肩，腰，くるぶしを結んだ線が一直線に並んでいることが最大のポイントになる。そのラインが直線に近づくほど立ち姿がキレイに整っていることになる。また，"左右対称"というのもキレイな姿勢の要素のひとつになる。

Point

　姿勢は，身体と心の状態を反映するもの。そのため，良い姿勢でいることは，印象が清々しいだけでなく，健康で元気そうに見え，話しかけやすさにも繋がる。歩く姿勢，立つ姿勢，座る姿勢など，どの場面にも心身の健康状態が表れるもの。日頃から心身の健康状態に気を配り，フィジカルとメンタル両面の自己管理を心がけよう。

いますぐデキる
カンタンTraining

Training 01

キレイな歩き方を心がけよう

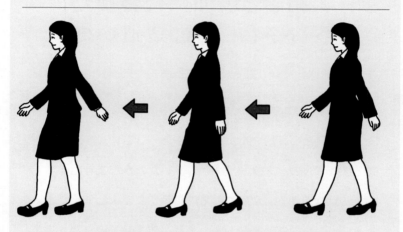

- 女性は1本の線上を，男性はそれよりも太い線上を沿うように歩く
- 一歩踏み出したときに前の足に体重を乗せるように，腰から動く
- 12時の方向につま先をもっていく

Training 02

前向きな気持ちを持とう

- 常に前向きな気持ちが姿勢を正す
- ポジティブ思考を心がけよう

言葉遣いの正しさはとは，場面にあった言葉を遣うということ。相手を気づかいながら，言葉を選ぶことで，より正しい言葉に近づいていく。

相手と場面に合わせた
ふさわしい言葉遣いを

次の文は接客の場面でよくある間違えやすい敬語です。
それぞれの言い方は○×どちらでしょうか。

問1　「資料をご拝読いただきありがとうございます」

問2　「こちらのパンフレットはもういただかれましたか？」

問3　「恐れ入りますが，こちらの用紙にご記入してください」

問4　「申し訳ございませんが，来週，休ませていただきます」

問5　「先ほどの件，帰りましたら上司にご報告いたしますので」

Point

　ビジネスのシーンに敬語は欠くことができない。何度もやり取りをしていく中で，親しさの度合いによっては，あえてくだけた表現を用いることもあるが，「親しき仲にも礼儀あり」と言われるように，敬意や心づかいをおろそかにしてはいけないもの。相手に誤解されたり，相手の気分を壊すことのないように，相手や場面にふさわしい言葉遣いが大切になる。

問1 （×）　○正しい言い換え例

→「ご覧いただきありがとうございます」など

「拝読」は自分が「読む」意味の謙譲語なので，相手の行為に使うのは誤り。読むと見るは同義なため，多く，見るの尊敬語「ご覧になる」が用いられる。

問2 （×）　○正しい言い換え例

→「お持ちですか」「お渡ししましたでしょうか」　など

「いただく」は，食べる・飲む・もらうの謙譲語。「もらったかどうか」と聞きたいのだから，「おもらいになりましたか」と言えないこともないが，持っているかどうか，受け取ったかどうかという意味で「お持ちですか」などが使われることが多い。また，自分側が渡すような場合は，「お渡しする」を使って「お渡ししましたでしょうか」などの言い方に換えることもできる。

問3 （×）　○正しい言い換え例

→「恐れ入りますが，こちらの用紙にご記入ください」など

「ご記入する」の「お（ご）〜する」は謙譲語の形。相手の行為を謙譲語で表すことになるため誤り。「して」を取り除いて「ご記入ください」か，和語に言い換えて「お書きください」とする。ほかにも「お書き／ご記入・いただけますでしょうか・願います」などの表現もある。

問4 （△）

有給休暇を取る場合や，弔事等で休むような場面で，用いられることも多い。「休ませていただく」ということで一見丁寧に響くが，「来週休むと自分で休みを決めている」という勝手な表現にも受け取られかねない言葉だ。ここは同じ「させていただく」を用いても，相手の都合をうかがう言い方に換えて「○○がございまして，申し訳ございませんが，休みをいただいてもよろしいでしょうか」などの言い換えが好ましい。

問5 （×）○正しい言い換え例

→「上司に報告いたします」

「ご報告いたします」は，ソトの人との会話で使うとするならば誤り。「ご報告いたします」の「お・ご〜いたす」は，「お・ご〜する」と「〜いたす」という2つの敬語を含む言葉。そのうちの「お・ご〜する」は，主語である自分を低めて相手＝上司を高める働きをもつ表現（謙譲語Ⅰ）。一方「〜いたす」は，主語の私を低めて，話の聞き手に対して丁重に述べる働きをもつ表現（謙譲語Ⅱ　丁重語）。「お・ご〜する」も「〜いたす」も同じ謙譲語であるため紛らわしいが，主語を低める（謙譲）という働きは同じでも，行為の相手を高める働きがあるかないかという点に違いがあるといえる。

敬語は正しく使用することで，相手の印象を大きく変えることができる。尊敬語，謙譲語の区別をはっきりつけて，誤った用法で話すことのないように気をつけよう。

言葉の使い方が
マナーを表す!

■よく使われる尊敬語の形 「言う・話す・説明する」の例

専用の尊敬語型	おっしゃる
〜れる・〜られる型	言われる・話される・説明される
お（ご）〜になる型	お話しになる・ご説明になる
お（ご）〜なさる型	お話しなさる・ご説明なさる

■よく使われる謙譲語の形 「言う・話す・説明する」の例

専用の謙譲語型	申す・申し上げる
お（ご）〜する型	お話しする・ご説明する
お（ご）〜いたす型	お話しいたします・ご説明いたします

Point

　同じ尊敬語・謙譲語でも，よく使われる代表的な形がある。ここではその一例をあげてみた。敬語の使い方に迷ったときなどは，まずはこの形を思い出すことで，大抵の語はこの型にはめ込むことができる。同じ言葉を用いたほうがよりわかりやすいといえるので，同義に使われる「言う・話す・説明する」を例に考えてみよう。

　ほかにも「お話しくださる」や「お話しいただく」「お元気でいらっしゃる」などの形もあるが，まずは表の中の形を見直そう。

■よく使う動詞の尊敬語・謙譲語

なお，尊敬語の中の「言われる」などの「れる・られる」を付けた形は省力している。

基本	尊敬語（相手側）	謙譲語（自分側）
会う	お会いになる	お目にかかる・お会いする
言う	おっしゃる	申し上げる・申す
行く・来る	いらっしゃる おいでになる お見えになる お越しになる お出かけになる	伺う・参る お伺いする・参上する
いる	いらっしゃる・おいでになる	おる
思う	お思いになる	存じる
借りる	お借りになる	拝借する・お借りする
聞く	お聞きになる	拝聴する 拝聞する お伺いする・伺う お聞きする
知る	ご存じ（知っているという意で）	存じ上げる・存じる
する	なさる	いたす
食べる・飲む	召し上がる・お召し上がりになる お飲みになる	いただく・頂戴する
見る	ご覧になる	拝見する
読む	お読みになる	拝読する

「お伺いする」「お召し上がりになる」などは，「伺う」「召し上がる」自体が敬語なので「二重敬語」ですが，慣習として定着しており間違いではないもの。

Point

　上記の「敬語表」は，よく使うと思われる動詞をそれぞれ尊敬語・謙譲語で表したもの。このように大体の言葉は型にあてはめることができる。言葉の中には「お（ご）」が付かないものもあるが，その場合でも「〜なさる」を使って，「スピーチなさる」や「運営なさる」などと言うことができる。また，表では，「言う」の尊敬語「言われる」の例は省いているが，れる・られる型の「言われる」よりも「おっしゃる」「お話しになる」「お話しなさる」などの言い方のほうが，より敬意も高く，言葉としても何となく響きが落ち着くといった印象を受けるものとなる。

会話は相手があってのこと。いかなる場合でも，相手に対する心くばりを忘れないことが，会話をスムーズに進めるためのコツになる。

心くばりを添えるひと言で
言葉の印象が変わる!

　相手に何かを頼んだり，また相手の依頼を断ったり，相手の抗議に対して反論したりする場面では，いきなり自分の意見や用件を切り出すのではなく，場面に合わせて心くばりを伝えるひと言を添えてから本題に移ると，響きがやわらかくなり，こちらの意向も伝えやすくなる。俗にこれは「クッション言葉」と呼ばれている。(右表参照)

Point

　ビジネスの場面で，相手と話したり手紙やメールを送る際には，何か依頼事があってという場合が多いもの。その場合に「ちょっとお願いなんですが…」では，ふだんの会話と変わりがないものになってしまう。そこを「突然のお願いで恐れ入りますが」「急にご無理を申しまして」「こちらの勝手で恐縮に存じますが」「折り入ってお願いしたいことがございまして」などの一言を添えることで，直接的なきつい感じが和らぐだけでなく，「申し訳ないのだけれど，もしもそうしていただくことができればありがたい」という，相手への配慮や願いの気持ちがより強まる。このような前置きの言葉もうまく用いて，言葉に心くばりを添えよう。

相手の意向を尋ねる場合	「よろしければ」「お差し支えなければ」 「ご都合がよろしければ」「もしお時間がありましたら」 「もしお嫌いでなければ」「ご興味がおありでしたら」
相手に面倒を かけてしまうような場合	「お手数をおかけしますが」 「ご面倒をおかけしますが」 「お手を煩わせまして恐縮ですが」 「お忙しい時に申し訳ございませんが」 「お時間を割いていただき申し訳ありませんが」 「貴重なお時間を頂戴し恐縮ですが」
自分の都合を 述べるような場合	「こちらの勝手で恐縮ですが」 「こちらの都合（ばかり）で申し訳ないのですが」 「私どもの都合ばかりを申しまして，まことに申し訳なく存じますが」 「ご無理を申し上げまして恐縮ですが」
急な話をもちかけた場合	「突然のお願いで恐れ入りますが」 「急にご無理を申しまして」 「もっと早くにご相談申し上げるべきところでございましたが」 「差し迫ってのことでまことに申し訳ございませんが」
何度もお願いする場合	「たびたびお手数をおかけしまして恐縮に存じますが」 「重ね重ね恐縮に存じますが」 「何度もお手を煩わせまして申し訳ございませんが」 「ご面倒をおかけしてばかりで，まことに申し訳ございませんが」
難しいお願いをする場合	「ご無理を承知でお願いしたいのですが」 「たいへん申し上げにくいのですが」 「折り入ってお願いしたいことがございまして」
あまり親しくない相手に お願いする場合	「ぶしつけなお願いで恐縮ですが」 「ぶしつけながら」 「まことに厚かましいお願いでございますが」
相手の提案・誘いを断る場合	「申し訳ございませんが」 「（まことに）残念ながら」 「せっかくのご依頼ではございますが」 「たいへん恐縮ですが」 「身に余るお言葉ですが」 「まことに失礼とは存じますが」 「たいへん心苦しいのですが」 「お引き受けしたいのはやまやまですが」
問い合わせの場合	「つかぬことをうかがいますが」 「突然のお尋ねで恐縮ですが」

ここでは文章の書き方における，一般的な敬称について言及している。はがき，手紙，メール等，通信手段はさまざま。それぞれの特性をふまえて有効活用しよう。

相手の気持ちになって
見やすく美しく書こう

■敬称のいろいろ

敬称	使う場面	例
様	職名・役職のない個人	（例）飯田知子様／ご担当者様／経理部長　佐藤一夫様
殿	職名・組織名・役職のある個人（公用文など）	（例）人事部長殿／教育委員会殿／田中四郎殿
先生	職名・役職のない個人	（例）松井裕子先生
御中	企業・団体・官公庁などの組織	（例）○○株式会社御中
各位	複数あてに同一文書を出すとき	（例）お客様各位／会員各位

Point

　封筒・はがきの表書き・裏書きは縦書きが基本だが，洋封筒で親しい人にあてる場合は，横書きでも問題ない。いずれにせよ，定まった位置に，丁寧な文字でバランス良く，正確に記すことが大切。特に相手の住所や名前を乱雑な文字で書くのは，配達の際の間違いを引き起こすだけでなく，受け取る側に不快な思いをさせる。相手の気持ちになって，見やすく美しく書くよう心がけよう。

■各通信手段の長所と短所

	長所	短所	用途
封書	・封を開けなければ本人以外の目に触れることがない。 ・丁寧な印象を受ける。	・多量の資料・画像送付には不向き。 ・相手に届くまで時間がかかる。	・儀礼的な文書(礼状・わび状など) ・目上の人あての文書 ・重要な書類 ・他人に内容を読まれたくない文書
はがき・カード	・封書よりも気軽にやり取りできる。 ・年賀状や季節の便り,旅先からの連絡など絵はがきとしても楽しむことができる。	・封に入っていないため,第三者の目に触れることがある。 ・中身が見えるので,改まった礼状やわび状,こみ入った内容には不向き。 ・相手に届くまで時間がかかる。	・通知状　　・案内状 ・送り状　　・旅先からの便り ・各種お祝い　・お礼 ・季節の挨拶
FAX	・手書きの図やイラストを文章といっしょに送れる。 ・すぐに届く。 ・控えが手元に残る。	・多量の資料の送付には不向き。 ・事務的な用途で使われることが多く,改まった内容の文書,初対面の人へは不向き。	・地図,イラストの入った文書 ・印刷物(本・雑誌など)
電話	・急ぎの連絡に便利。 ・相手の反応をすぐに確認できる。 ・直接声が聞けるので,安心感がある。	・連絡できる時間帯が制限される。 ・長々としたこみ入った内容は伝えづらい。	・緊急の用件 ・確実に用件を伝えたいとき
メール	・瞬時に届く。　・控えが残る。 ・コストが安い。 ・大容量の資料や画像をデータで送ることができる。 ・一度に大勢の人に送ることができる。 ・相手の居場所や状況を気にせず送れる。	・事務的な印象を与えるので,改まった礼状やわび状には不向き。 ・パソコンや携帯電話を持っていない人には送れない。 ・ウィルスなどへの対応が必要。	・データで送りたいとき ・ビジネス上の連絡

Point

　はがきは手軽で便利だが,おわびやお願い,格式を重んじる手紙には不向きとなる。この種の手紙は内容もこみ入ったものとなり,加えて丁寧な文章で書かなければならないので,数行で済むことはまず考えられない。また,封筒に入っていないため,他人の目に触れるという難点もある。このように,はがきにも長所と短所があるため,使う場面や相手によって,他の通信手段と使い分けることが必要となる。

　はがき以外にも,封書・電話・FAX・メールなど,現代ではさまざまな通信手段がある。上に示したように,それぞれ長所と短所があるので,特徴を知って用途によって上手に使い分けよう。

　社会人のマナーとして，電話応対のスキルは必要不可欠。まずは失礼なく電話に出ることからはじめよう。積極性が重要だ。

相手の顔が見えない分
対応には細心の注意を

■電話をかける場合

---

① 　○○先生に電話をする

　×「私，□□社の××と言いますが，○○様はおられますでしょうか？」

　○「**××と申しますが，○○様はいらっしゃいますか？**」

「おられますか」は「おる」を謙譲語として使うため，通常は相手がいるかどうかに関しては，「いらっしゃる」を使うのが一般的。

---

② 　相手の状況を確かめる

　×「こんにちは，××です，先日のですね…」

　○「**××です，先日は有り難うございました，今お時間よろしいでしょうか？**」

　相手が忙しくないかどうか，状況を聞いてから話を始めるのがマナー。また，やむを得ず夜間や早朝，休日などに電話をかける際は，「夜分（朝早く）に申し訳ございません」「お休みのところ恐れ入ります」などのお詫びの言葉もひと言添えて話す。

---

③ 　相手が不在，何時ごろ戻るかを聞く場合

　×「戻りは何時ごろですか？」

　○「**何時ごろお戻りになりますでしょうか？**」

「戻り」はそのままの言い方，相手にはきちんと尊敬語を使う。

---

④ 　また自分からかけることを伝える

　×「そうですか，ではまたかけますので」

　○「**それではまた後ほど（改めて）お電話させていただきます**」

戻る時間がわかる場合は，「またお戻りになりましたころにでも」「また午後にでも」などの表現もできる。

■電話を受ける場合

① 電話を取ったら

× 「はい，もしもし，○○（社名）ですが」

○ 「はい，○○（社名）でございます」

② 相手の名前を聞いて

× 「どうも，どうも」

○ 「いつもお世話になっております」

あいさつ言葉として定着している決まり文句ではあるが，日頃のお付き合いがあってこそ。あいさつ言葉もきちんと述べよう。「お世話様」という言葉も時折耳にするが，敬意が軽い言い方となる。適切な言葉を使い分けよう。

③ 相手が名乗らない

× 「どなたですか？」「どちらさまですか？」

○ 「失礼ですが，お名前をうかがってもよろしいでしょうか？」

名乗るのが基本だが，尋ねる態度も失礼にならないように適切な応対を心がけよう。

④ 電話番号や住所を教えてほしいと言われた場合

× 「はい，いいでしょうか？」　　× 「メモのご用意は？」

○ 「はい，申し上げます，よろしいでしょうか？」

「メモのご用意は？」は，一見親切なようにも聞こえるが，尋ねる相手も用意していることがほとんど。押し付けがましくならない程度に。

⑤ 上司への取次を頼まれた場合

× 「はい，今代わります」　　× 「○○部長ですね，お待ちください」

○ 「部長の○○でございますね，ただいま代わりますので，少々お待ちくださいませ」

○○部長という表現は，相手側の言い方となる。自分側を述べる場合は，「部長の○○」「○○」が適切。

Point

自分から電話をかける場合は，まずは自分の会社名や氏名を名乗るのがマナー。たとえ目的の相手が直接出た場合でも，電話では相手の様子が見えないことがほとんど。自分の勝手な判断で話し始めるのではなく，相手の都合を伺い，そのうえで話を始めるのが社会人として必要な気配りとなる。

デキるオトナをアピール
時候の挨拶

月	漢語調の表現 候，みぎりなどを付けて用いられます	口語調の表現
1月 （睦月）	初春・新春　頌春・小寒・大寒・厳寒	皆様におかれましては，よき初春をお迎えのことと存じます／厳しい寒さが続いております／珍しく暖かな寒の入りとなりました／大寒という言葉通りの厳しい寒さでございます
2月 （如月）	春寒・余寒・残寒・立春・梅花・向春	立春とは名ばかりの寒さ厳しい毎日でございます／梅の花もちらほらとふくらみ始め，春の訪れを感じる今日この頃です／春の訪れが待ち遠しいこのごろでございます
3月 （弥生）	早春・浅春・春寒・春分・春暖	寒さもようやくゆるみ，日ましに春めいてまいりました／ひと雨ごとに春めいてまいりました／日増しに暖かさが加わってまいりました
4月 （卯月）	春暖・陽春・桜花・桜花爛漫	桜花爛漫の季節を迎えました／春光うららかな好季節となりました／花冷えとでも申しましょうか，何だか肌寒い日が続いております
5月 （皐月）	新緑・薫風・惜春・晩春・立夏・若葉	風薫るさわやかな季節を迎えました／木々の緑が目にまぶしいようでございます／目に青葉，山ほととぎす，初鰹の句も思い出される季節となりました
6月 （水無月）	梅雨・向暑・初夏・薄暑・麦秋	初夏の風もさわやかな毎日でございます／梅雨前線が近づいてまいりました／梅雨の晴れ間にのぞく青空は，まさに夏を思わせるようです
7月 （文月）	盛夏・大暑・炎暑・酷暑・猛暑	梅雨が明けたとたん，うだるような暑さが続いております／長い梅雨も明け，いよいよ本格的な夏がやってまいりました／風鈴の音がわずかに涼を運んでくれているようです
8月 （葉月）	残暑・晩夏・処暑・秋暑	立秋とはほんとうに名ばかりの厳しい暑さの毎日です／残暑たえがたい毎日でございます／朝夕はいくらかしのぎやすくなってまいりました
9月 （長月）	初秋・新秋・爽秋・新涼・清涼	九月に入りましてもなお，日差しの強い毎日です／暑さもやっとおとろえはじめたようでございます／残暑も去り，ずいぶんとしのぎやすくなってまいりました
10月 （神無月）	清秋・錦秋・秋涼・秋冷・寒露	秋風もさわやかな過ごしやすい季節となりました／街路樹の葉も日ごとに色を増しております／紅葉の便りの聞かれるころとなりました／秋深く，日増しに冷気も加わってまいりました
11月 （霜月）	晩秋・暮秋・霜降・初霜・向寒	立冬を迎え，まさに冬到来を感じる寒さです／木枯らしの季節になりました／日ごとに冷気が増すようでございます／朝夕はひときわ冷え込むようになりました
12月 （師走）	寒冷・初冬・師走・歳晩	師走を迎え，何かと慌ただしい日々をお過ごしのことと存じます／年の瀬も押しつまり，何かとお忙しくお過ごしのことと存じます／今年も残すところわずかとなりました，お忙しい毎日とお察しいたします

いますぐデキる
シチュエーション別会話例

シチュエーション1　取引先との会話

「非常に素晴らしいお話で感心しました」→NG！

「感心する」は相手の立派な行為や，優れた技量などに心を動かされるという意味。意味としては間違いではないが，目上の人に用いると，偉そうに聞こえかねない表現。「感動しました」などに言い換えるほうが好ましい。

シチュエーション2　子どもとの会話

「お母さんは，明日はいますか？」→NG！

たとえ子どもとの会話でも，子どもの年齢によっては，ある程度の敬語を使うほうが好ましい。「明日はいらっしゃいますか」では，むずかしすぎると感じるならば，「お出かけですか」などと表現することもできる。

シチュエーション3　同僚との会話

「今，お暇ですか」→NG？

同じ立場同士なので，暇に「お」が付いた形で「お暇」ぐらいでも構わないともいえるが，「暇」というのは，するべきことも何もない時間という意味。そのため「お暇ですか」では，あまりにも直接的になってしまう。その意味では「手が空いている」→「空いていらっしゃる」→「お手透き」などに言い換えることで，やわらかく敬意も含んだ表現になる。

シチュエーション4　上司との会話

「なるほどですね」→NG！

「なるほど」とは，相手の言葉を受けて，自分も同意見であることを表すため，相手の言葉・意見を自分が評価するというニュアンスも含まれている。そのため自分が評価して述べているという偉そうな表現にもなりかねない。同じ同意ならば，頷き「おっしゃる通りです」などの言葉のほうが誤解なく伝わる。

就活スケジュールシート

■年間スケジュールシート

1月	2月	3月	4月	5月	6月
企業関連スケジュール					
自己の行動計画					

就職活動をすすめるうえで，当然重要になってくるのは，自己のスケジュール管理だ。企業の選考スケジュールを把握することも大切だが，自分のペースで進めることになる自己分析や業界・企業研究，面接試験のトレーニング等の計画を立てることも忘れてはいけない。スケジュールシートに「記入」する作業を通して，短期・長期の両方の面から就職試験を考えるきっかけにしよう。

7月	8月	9月	10月	11月	12月
企業関連スケジュール					
自己の行動計画					

第4章

SPI対策

ほとんどの企業では，基本的な資質や能力を見極める
ため適性検査を実施しており，現在最も使われている
のがリクルートが開発した「SPI」である。

テストの内容は，「言語能力」「非言語能力」「性格」
の3つに分かれている。その人がどんな人物で，どん
な仕事で力を発揮しやすいのか，また，どんな組織に
なじみやすいかなどを把握するために行われる。

この章では，SPIの「言語能力」及び「非言語能力」の
分野で，頻出内容を絞って，演習問題を構成している。
演習問題に複数回チャレンジし，解説をしっかりと熟
読して，学習効果を高めよう。

SPI 対策

●SPIとは

SPIは, Synthetic Personality Inventoryの略称で, 株式会社リクルートが開発・販売を行っている就職採用向けのテストである。昭和49年から提供が始まり, 平成14年と平成25年の2回改訂が行われ, 現在はSPI3が最新になる。

SPIは, 応募者の仕事に対する適性, 職業の適性能力, 興味や関心を見極めるのに適しており, 現在の就職採用テストでは主流となっている。

SPIは,「知的能力検査」と「性格検査」の2領域にわけて測定され, 知的能力検査は「言語能力検査(国語)」と「非言語能力検査(数学)」に分かれている。オプション検査として,「英語(ENG)検査」を実施することもある。性格適性検査では, 性格を細かく分析するために, 非常に多くの質問が出される。SPIの性格適性検査では, 正式な回答はなく, 全ての質問に正直に答えることが重要である。

本章では, その中から,「言語能力検査」と「非言語能力検査」に絞って収録している。

●SPIを利用する企業の目的

①:志望者から人数を絞る

一部上場企業にもなると, 数万単位の希望者が応募してくる。基本的な資質能力や会社への適性能力を見極めるため, SPIを使って, 人数の絞り込みを行う。

②:知的能力を見極める

SPIは, 応募者1人1人の基本的な知的能力を比較することができ, それによって, 受検者の相対的な知的能力を見極めることが可能になる。

③:性格をチェックする

その職種に対する適性があるが, 300程度の簡単な質問によって発想力やパーソナリティを見ていく。性格検査なので, 正解というものはなく, 正直に回答していくことが重要である。

●SPIの受検形式

　SPIは，企業の会社説明会や会場で実施される「ペーパーテスト形式」と，パソコンを使った「テストセンター形式」とがある。

　近年，ペーパーテスト形式は減少しており，ほとんどの企業が，パソコンを使ったテストセンター形式を採用している。志望する企業がどのようなテストを採用しているか，早めに確認し，対策を立てておくこと。

●SPIの出題形式

　SPIは，言語分野，非言語分野，英語（ENG），性格適性検査に出題形式が分かれている。

科目	出題範囲・内容
言語分野	二語の関係，語句の意味，語句の用法，文の並び換え，空欄補充，熟語の成り立ち，文節の並び換え，長文読解　等
非言語分野	推論，場合の数，確率，集合，損益算，速度算，表の読み取り，資料の読み取り，長文読み取り　等
英語（ENG）	同意語，反意語，空欄補充，英英辞書，誤文訂正，和文英訳，長文読解　等
性格適性検査	質問：300問程度　時間：約35分

●受検対策

　本章では，出題が予想される問題を厳選して収録している。問題と解答だけではなく，詳細な解説も収録しているので，分からないところは複数回問題を解いてみよう。

言語分野

同音異義語

●あいせき
哀惜　死を悲しみ惜しむこと
愛惜　惜しみ大切にすること

●いぎ
意義　意味・内容・価値
異議　他人と違う意見
威儀　いかめしい挙動
異義　異なった意味

●いし
意志　何かをする積極的な気持ち
意思　しようとする思い・考え

●いどう
異同　異なり・違い・差
移動　場所を移ること
異動　地位・勤務の変更

●かいこ
懐古　昔を懐かしく思うこと
回顧　過去を振り返ること
解雇　仕事を辞めさせること

●かいてい
改訂　内容を改め直すこと
改定　改めて定めること

●かんしん
関心　気にかかること
感心　心に強く感じること
歓心　嬉しいと思う心

寒心　肝を冷やすこと

●きてい
規定　規則・定め
規程　官公庁などの規則

●けんとう
見当　だいたいの推測・判断・
　　　めあて
検討　調べ究めること

●こうてい
工程　作業の順序
行程　距離・みちのり

●じき
直　　すぐに
時期　時・折り・季節
時季　季節・時節
時機　適切な機会

●しゅし
趣旨　趣意・理由・目的
主旨　中心的な意味

●たいけい
体型　人の体格
体形　人や動物の形態
体系　ある原理に基づき個々のも
　　　のを統一したもの
大系　系統立ててまとめた叢書

●たいしょう

対象　行為や活動が向けられる相
　　　手
対称　対応する位置にあること
対照　他のものと照らし合わせる
　　　こと
●たんせい
端正　人の行状が正しくきちんと
　　　しているさま
端整　人の容姿が整っているさま
●はんざつ
繁雑　ごたごたと込み入ること

煩雑　煩わしく込み入ること
●ほしょう
保障　保護して守ること
保証　確かだと請け合うこと
補償　損害を補い償うこと
●むち
無知　知識・学問がないこと
無恥　恥を知らないこと
●ようけん
要件　必要なこと
用件　なすべき仕事

同訓漢字

●あう
合う…好みに合う。答えが合う。
会う…客人と会う。立ち会う。
遭う…事故に遭う。盗難に遭う。
●あげる
上げる…プレゼントを上げる。効
　　　　果を上げる。
挙げる…手を挙げる。全力を挙げ
　　　　る。
揚げる…凧を揚げる。てんぷらを
　　　　揚げる。
●あつい
暑い…夏は暑い。暑い部屋。
熱い…熱いお湯。熱い視線を送る。
厚い…厚い紙。面の皮が厚い。
篤い…志の篤い人。篤い信仰。
●うつす
写す…写真を写す。文章を写す。
映す…映画をスクリーンに映す。
　　　鏡に姿を映す。

●おかす
冒す…危険を冒す。病に冒された
　　　人。
犯す…犯罪を犯す。法律を犯す。
侵す…領空を侵す。プライバシー
　　　を侵す。
●おさめる
治める…領地を治める。水を治め
　　　　る。
収める…利益を収める。争いを収
　　　　める。
修める…学問を修める。身を修め
　　　　る。
納める…税金を納める。品物を納
　　　　める。
●かえる
変える…世界を変える。性格を変
　　　　える。
代える…役割を代える。背に腹は
　　　　代えられぬ。

替える…円をドルに替える。服を
　　　　替える。

●きく
聞く…うわさ話を聞く。明日の天
　　　　気を聞く。
聴く…音楽を聴く。講義を聴く。

●しめる
閉める…門を閉める。ドアを閉め
　　　　る。
締める…ネクタイを締める。気を
　　　　引き締める。
絞める…首を絞める。絞め技をか
　　　　ける。

●すすめる
進める…足を進める。話を進める。
勧める…縁談を勧める。加入を勧
　　　　める。
薦める…生徒会長に薦める。

●つく
付く…傷が付いた眼鏡。気が付く。
着く…待ち合わせ場所の公園に着
　　　　く。地に足が着く。

就く…仕事に就く。外野の守備に
　　　　就く。

●つとめる
務める…日本代表を務める。主役
　　　　を務める。
努める…問題解決に努める。療養
　　　　に努める。
勤める…大学に勤める。会社に勤
　　　　める。

●のぞむ
望む…自分の望んだ夢を追いかけ
　　　　る。
臨む…記者会見に臨む。決勝に臨
　　　　む。

●はかる
計る…時間を計る。将来を計る。
測る…飛行距離を測る。水深を測
　　　　る。

●みる
見る…月を見る。ライオンを見る。
診る…患者を診る。脈を診る。

演習問題

1　カタカナで記した部分の漢字として適切なものはどれか。
　1　手続きがハンザツだ　　　　　　　【汎雑】
　2　誤りをカンカすることはできない　【観過】
　3　ゲキヤクなので取扱いに注意する　【激薬】
　4　クジュウに満ちた選択だった　　　【苦重】
　5　キセイの基準に従う　　　　　　　【既成】

2 下線部の漢字として適切なものはどれか。

家で飼っている熱帯魚を<u>かんしょう</u>する。

1 干渉
2 観賞
3 感傷
4 勧奨
5 鑑賞

3 下線部の漢字として適切なものはどれか。

彼に責任を<u>ついきゅう</u>する。

1 追窮
2 追究
3 追給
4 追求
5 追及

4 下線部の語句について，両方とも正しい表記をしているものはどれか。

1 私と母とは<u>相生</u>がいい。　・この歌を<u>愛唱</u>している。
2 それは<u>規成</u>の事実である。　・<u>既製品</u>を買ってくる。
3 同音<u>異義語</u>を見つける。　・会議で<u>意議</u>を申し立てる。
4 選挙の<u>大勢</u>が決まる。　・作曲家として<u>大成</u>する。
5 <u>無常</u>の喜びを味わう。　・<u>無情</u>にも雨が降る。

5 下線部の漢字として適切なものはどれか。

彼の体調は<u>かいほう</u>に向かっている。

1 介抱
2 快方
3 解放
4 回報
5 開放

○○○解答・解説○○○

1 5

解説 1 「煩雑」が正しい。「汎」は「汎用(はんよう)」などと使う。
2 「看過」が正しい。「観」は「観光」や「観察」などと使う。　3 「劇薬」
が正しい。「少量の使用であってもはげしい作用のするもの」という意味
であるが「激」を使わないことに注意する。　4 「苦渋」が正しい。苦し
み悩むという意味で，「苦悩」と同意であると考えてよい。　5 「既成概
念」などと使う場合もある。同音で「既製」という言葉があるが，これは
「既製服」や「既製品」という言葉で用いる。

2 2

解説 同音異義語や同訓異字の問題は，その漢字を知っているだけで
は対処できない。「植物や魚などの美しいものを見て楽しむ」場合は「観
賞」を用いる。なお，「芸術作品」に関する場合は「鑑賞」を用いる。

3 5

解説 「ついきゅう」は，特に「追究」「追求」「追及」が頻出である。「追
究」は「あることについて徹底的に明らかにしようとすること」，「追求」
は「あるものを手に入れようとすること」，「追及」は「後から厳しく調べ
ること」という意味である。ここでは，「責任」という言葉の後にあるので，
「厳しく」という意味が含まれている「追及」が適切である。

4 4

解説 1の「相生」は「相性」，2の「規成」は「既成」，3の「意議」は「異
議」，5の「無常」は「無上」が正しい。

5 2

解説 「快方」は「よい方向に向かっている」という意味である。なお，
1は病気の人の世話をすること，3は束縛を解いて自由にすること，4は
複数人で回し読む文書，5は出入り自由として開け放つ，の意味。

四字熟語

- ☐曖昧模糊　あいまいもこ―はっきりしないこと。
- ☐阿鼻叫喚　あびきょうかん―苦しみに耐えられないで泣き叫ぶこと。はなはだしい惨状を形容する語。
- ☐暗中模索　あんちゅうもさく―暗闇で手さぐりでものを探すこと。様子がつかめずどうすればよいかわからないままやってみること。
- ☐以心伝心　いしんでんしん―無言のうちに心から心に意思が通じ合うこと。
- ☐一言居士　いちげんこじ―何事についても自分の意見を言わなければ気のすまない人。
- ☐一期一会　いちごいちえ――一生のうち一度だけの機会。
- ☐一日千秋　いちじつせんしゅう――一日会わなければ千年も会わないように感じられることから，一日が非常に長く感じられること。
- ☐一念発起　いちねんほっき―決心して信仰の道に入ること。転じてある事を成就させるために決心すること。
- ☐一網打尽　いちもうだじん――一網打つだけで多くの魚を捕らえることから，一度に全部捕らえること。
- ☐一獲千金　いっかくせんきん――一時にたやすく莫大な利益を得ること。
- ☐一挙両得　いっきょりょうとく――一つの行動で二つの利益を得ること。
- ☐意馬心猿　いばしんえん―馬が走り，猿が騒ぐのを抑制できないことにたとえ，煩悩や欲望の抑えられないさま。
- ☐意味深長　いみしんちょう―意味が深く含蓄のあること。
- ☐因果応報　いんがおうほう―よい行いにはよい報いが，悪い行いには悪い報いがあり，因と果とは相応じるものであるということ。
- ☐慇懃無礼　いんぎんぶれい―うわべはあくまでも丁寧だが，実は尊大であること。
- ☐有為転変　ういてんぺん―世の中の物事の移りやすくはかない様子のこと。
- ☐右往左往　うおうさおう―多くの人が秩序もなく動き，あっちへ行ったりこっちへ来たり，混乱すること。

□右顧左眄　うこさべん―右を見たり，左を見たり，周囲の様子ばかりうかがっていて決断しないこと。

□有象無象　うぞうむぞう―世の中の無形有形の一切のもの。たくさん集まったつまらない人々。

□海千山千　うみせんやません―経験を積み，その世界の裏まで知り抜いている老獪な人。

□紆余曲折　うよきょくせつ―まがりくねっていること。事情が込み入って，状況がいろいろ変化すること。

□雲散霧消　うんさんむしょう―雲や霧が消えるように，あとかたもなく消えること。

□栄枯盛衰　えいこせいすい―草木が繁り，枯れていくように，盛んになったり衰えたりすること。世の中の浮き沈みのこと。

□栄耀栄華　えいようえいが―権力や富貴をきわめ，おごりたかぶること。

□会者定離　えしゃじょうり―会う者は必ず離れる運命をもつということ。人生の無常を説いたことば。

□岡目八目　おかめはちもく―局外に立ち，第三者の立場で物事を観察すると，その是非や損失がよくわかるということ。

□温故知新　おんこちしん―古い事柄を究め新しい知識や見解を得ること。

□臥薪嘗胆　がしんしょうたん―たきぎの中に寝，きもをなめる意で，目的を達成するのために苦心，苦労を重ねること。

□花鳥風月　かちょうふうげつ―自然界の美しい風景，風雅のこころ。

□我田引水　がでんいんすい―自分の利益となるように発言したり行動したりすること。

□画竜点睛　がりょうてんせい―竜を描いて最後にひとみを描き加えたところ，天に上ったという故事から，物事を完成させるために最後に付け加える大切な仕上げ。

□夏炉冬扇　かろとうせん―夏の火鉢，冬の扇のようにその場に必要のない事物。

□危急存亡　ききゅうそんぼう―危機が迫ってこのまま生き残れるか滅びるかの瀬戸際。

□疑心暗鬼　ぎしんあんき―心の疑いが妄想を引き起こして実際にはいない鬼の姿が見えるようになることから，疑心が起こると何で

もないことまで恐ろしくなること。

□玉石混交　ぎょくせきこんこう―すぐれたものとそうでないものが入り混じっていること。

□荒唐無稽　こうとうむけい―言葉や考えによりどころがなく，とりとめもないこと。

□五里霧中　ごりむちゅう―迷って考えの定まらないこと。

□針小棒大　しんしょうぼうだい―物事を大袈裟にいうこと。

□大同小異　だいどうしょうい―細部は異なっているが総体的には同じであること。

□馬耳東風　ばじとうふう―人の意見や批評を全く気にかけず聞き流すこと。

□波瀾万丈　はらんばんじょう―さまざまな事件が次々と起き，変化に富むこと。

□付和雷同　ふわらいどう――定の見識がなくただ人の説にわけもなく賛同すること。

□粉骨砕身　ふんこつさいしん―力の限り努力すること。

□羊頭狗肉　ようとうくにく―外見は立派だが内容がともなわないこと。

□竜頭蛇尾　りゅうとうだび―初めは勢いがさかんだが最後はふるわないこと。

□臨機応変　りんきおうへん―時と場所に応じて適当な処置をとること。

演習問題

1　「海千山千」の意味として適切なものはどれか。
　1　様々な経験を積み，世間の表裏を知り尽くしてずる賢いこと
　2　今までに例がなく，これからもあり得ないような非常に珍しいこと
　3　人をだまし丸め込む手段や技巧のこと
　4　一人で千人の敵を相手にできるほど強いこと
　5　広くて果てしないこと

2 四字熟語として適切なものはどれか。

1　竜頭堕尾
2　沈思黙考
3　孟母断危
4　理路正然
5　猪突猛伸

3 四字熟語の漢字の使い方がすべて正しいものはどれか。

1　純真無垢　　青天白日　　疑心暗鬼
2　短刀直入　　自我自賛　　危機一髪
3　厚顔無知　　思考錯誤　　言語同断
4　異句同音　　一鳥一石　　好機当来
5　意味深長　　興味深々　　五里霧中

4「一蓮托生」の意味として適切なものはどれか。

1　一味の者を一度で全部つかまえること。
2　物事が順調に進行すること。
3　ほかの事に注意をそらさず，一つの事に心を集中させているさま。
4　善くても悪くても行動・運命をともにすること。
5　妥当なものはない。

5 故事成語の意味で適切なものはどれか。

「塞翁(さいおう)が馬」

1　たいして差がない
2　幸不幸は予測できない
3　肝心なものが欠けている
4　実行してみれば意外と簡単
5　努力がすべてむだに終わる

1 1

解説 2は「空前絶後」, 3は「手練手管」, 4は「一騎当千」, 5は「広大無辺」である。

2 2

解説 2の沈思黙考は,「思いにしずむこと。深く考えこむこと。」の意味である。なお, 1は竜頭蛇尾(始めは勢いが盛んでも, 終わりにはふるわないこと), 3は孟母断機(孟子の母が織りかけの織布を断って, 学問を中途でやめれば, この断機と同じであると戒めた譬え), 4は理路整然(話や議論の筋道が整っていること), 5は猪突猛進(いのししのように向こう見ずに一直線に進むこと)が正しい。

3 1

解説 2は「単刀直入」「自画自賛」, 3は「厚顔無恥」「試行錯誤」「言語道断」, 4は「異口同音」「一朝一夕」「好機到来」, 5は「興味津々」が正しい。四字熟語の意味を理解する際, どのような字で書かれているかを意識するとよい。

4 4

解説 「一蓮托生」は, よい行いをした者は天国に行き, 同じ蓮の花の上に生まれ変わるという仏教の教えから,「(ことの善悪にかかわらず)仲間として行動や運命をともにすること」をいう。

5 2

解説 「塞翁が馬」は「人間万事塞翁が馬」と表す場合もある。1は「五十歩百歩」, 3は「画竜点睛に欠く」, 4は「案ずるより産むが易し」, 5は「水泡に帰する」の故事成語の意味である。

語の使い方

文法

I 品詞の種類

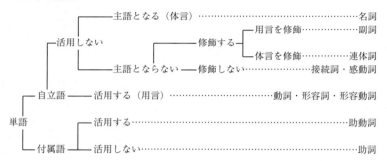

```
          ┌── 主語となる（体言）………………………………………… 名詞
          │                    ┌── 用言を修飾……………… 副詞
     ┌ 活用しない ── 修飾する ─┤
     │    │                    └── 体言を修飾………… 連体詞
自立語 ┤    └── 主語とならない ── 修飾しない………… 接続詞・感動詞
     │
単語 ┤    └── 活用する（用言）………………… 動詞・形容詞・形容動詞
     │
     │    ┌── 活用する……………………………………………… 助動詞
     └ 付属語 ┤
              └── 活用しない…………………………………………… 助詞
```

II 動詞の活用形

活用	基本	語幹	未然	連用	終止	連体	仮定	命令
五段	読む	読	ま も	み	む	む	め	め
上一段	見る	見	み	み	みる	みる	みれ	みよ
下一段	捨てる	捨	て	て	てる	てる	てれ	てよ てろ
カ変	来る	来	こ	き	くる	くる	くれ	こい
サ変	する	す	さ し せ	し	する	する	すれ	せよ しろ
	主な接続語		ナイ ウ・ ヨウ	マス テ・タ	言い 切る	コト トキ	バ	命令

III 形容詞の活用形

基本	語幹	未然	連用	終止	連体	仮定	命令
美しい	うつくし	かろ	かっ く	い	い	けれ	○
主な用法		ウ	ナル タ	言い 切る	体言	バ	

IV 形容動詞の活用形

基本	語幹	未然	連用	終止	連体	仮定	命令
静かだ	静か	だろ	だっ で に	だ	な	なら	○
主な用法		ウ	タ アル ナル	言い 切る	体言	バ	

V　文の成分

主語・述語の関係………花が ― 咲いた。
修飾・被修飾の関係……きれいな ― 花。
接続の関係………………花が咲いた<u>ので</u>，花見をした。
並立の関係………………<u>赤い花</u>と<u>白い花</u>。
補助の関係………………花が<u>咲いている</u>。（二文節で述語となっている）

〈**副詞**〉自立語で活用せず，単独で文節を作り，多く連用修飾語を作る。
状態を表すもの…………ついに・さっそく・しばらく・ぴったり・すっかり
程度を表すもの…………もっと・すこし・ずいぶん・ちょっと・ずっと
陳述の副詞………………決して〜ない・なぜ〜か・たぶん〜だろう・もし〜ば

〈**助動詞**〉付属語で活用し，主として用言や他の助動詞について意味を添える。
① 使役……せる・させる（学校に行か<u>せる</u>　服を着<u>させる</u>）
② 受身……れる・られる（先生に怒ら<u>れる</u>　人に見ら<u>れる</u>）
③ 可能……れる・られる（歩いて行か<u>れる</u>距離　まだ着ら<u>れる</u>服）
④ 自発……れる・られる（ふと思い出さ<u>れる</u>　容態が案じ<u>られる</u>）
⑤ 尊敬……れる・られる（先生が話さ<u>れる</u>　先生が来<u>られる</u>）
⑥ 過去・完了……た（話を聞い<u>た</u>　公園で遊ん<u>だ</u>）
⑦ 打消……ない・ぬ（僕は知ら<u>ない</u>　知ら<u>ぬ</u>存ぜ<u>ぬ</u>）
⑧ 推量……だろう・そうだ（晴れる<u>だろう</u>　晴れ<u>そうだ</u>）
⑨ 意志……う・よう（旅行に行こ<u>う</u>　彼女に告白し<u>よう</u>）
⑩ 様態……そうだ（雨が降り<u>そうだ</u>）
⑪ 希望……たい・たがる（いっぱい遊び<u>たい</u>　おもちゃを欲し<u>がる</u>）
⑫ 断定……だ（悪いのは相手の方<u>だ</u>）
⑬ 伝聞……そうだ（試験に合格した<u>そうだ</u>）
⑭ 推定……らしい（明日は雨<u>らしい</u>）
⑮ 丁寧……です・ます（それはわたし<u>です</u>　ここにあり<u>ます</u>）
⑯ 打消推量・打消意志……まい（そんなことはある<u>まい</u>　けっして言う<u>まい</u>）

〈助詞〉付属語で活用せず，ある語について，その語と他の語との関係を
補助したり，意味を添えたりする。
　① 格助詞……主として体言に付き，その語と他の語の関係を示す。
　　　→が・の・を・に・へ・と・から・より・で・や
　② 副助詞……いろいろな語に付いて，意味を添える。
　　　→は・も・か・こそ・さえ・でも・しか・まで・ばかり・だけ・など
　③ 接続助詞……用言・活用語に付いて，上と下の文節を続ける。
　　　→ば・けれども・が・のに・ので・ても・から・たり・ながら
　④ 終助詞……文末（もしくは文節の切れ目）に付いて意味を添える。
　　　→なあ（感動）・よ（念押し）・な（禁止）・か（疑問）・ね（念押し）

演習問題

1　次のア〜オのうち，下線部の表現が適切でないものはどれか。
1　彼はいつもまわりに愛嬌をふりまいて，場を和やかにしてくれる。
2　的を射た説明によって，よく理解することができた。
3　舌先三寸で人をまるめこむのではなく，誠実に説明する。
4　この重要な役目は，彼女に白羽の矢が当てられた。
5　二の舞を演じないように，失敗から学ばなくてはならない。

2　次の文について，言葉の用法として適切なものはどれか。
1　矢折れ刀尽きるまで戦う。
2　ヘルプデスクに電話したが「分かりません」と繰り返すだけで取り付
　く暇もなかった。
3　彼の言動は肝に据えかねる。
4　彼は証拠にもなく何度も賭け事に手を出した。
5　適切なものはない。

3　下線部の言葉の用法として適切なものはどれか。
1　彼はのべつ暇なく働いている。
2　あの人の言動は常軌を失っている。
3　彼女は熱に泳がされている。
4　彼らの主張に対して間髪をいれずに反論した。
5　彼女の自分勝手な振る舞いに顔をひそめた。

4 次の文で，下線部が適切でないものはどれか。
1 ぼくの目標は，兄より早く走れるようになる<u>こと</u>です。
2 先生の<u>おっしゃること</u>をよく聞くのですよ。
3 昨日は家で本を読んだり，テレビを<u>見て</u>いました。
4 風にざわめく木々は，まるで私たちにあいさつをしている<u>ようだった</u>。
5 先生の業績については，よく<u>存じております</u>。

5 下線部の言葉の用法が適切でないものはどれか。
1 <u>急いては事を仕損じる</u>ので，マイペースを心がける。
2 彼女は<u>目端が利く</u>。
3 <u>世知辛い</u>世の中になったものだ。
4 安全を<u>念頭に置いて</u>作業を進める。
5 次の試験に<u>標準を合わせて</u>勉強に取り組む。

○○○解答・解説○○○

1 4

解説 1の「愛嬌をふりまく」は，おせじなどをいい，明るく振る舞うこと，2の「的を射る」は的確に要点をとらえること，3の「舌先三寸」は口先だけの巧みに人をあしらう弁舌のこと，4はたくさんの中から選びだされるという意味だが，「白羽の矢が当てられた」ではなく，「白羽の矢が立った」が正しい。5の「二の舞を演じる」は他人がした失敗を自分もしてしまうという意味である。

2 5

解説 1「刀折れ矢尽きる」が正しく，「なす術がなくなる」という意味である。　2　話を進めるきっかけが見つからない。すがることができない，という意味になるのは「取り付く島がない」が正しい。　3　「言動」という言葉から，「我慢できなくなる」という意味の言葉を使う必要がある。「腹に据えかねる」が正しい。　4　「何度も賭け事に手を出した」という部分から「こりずに」という意味の「性懲りもなく」が正しい。

3 4

解説 1「のべつ幕なしに」，2は「常軌を逸している」，3は「熱に浮かされている」，5は「眉をひそめた」が正しい。

4 3

解説 3は前に「読んだり」とあるので，後半も「見たり」にしなければならないが，「見ていました」になっているので表現として適当とはいえない。

5 5

解説 5は，「狙う，見据える」という意味の「照準」を使い，「照準を合わせて」と表記するのが正しい。

非言語分野

計算式・不等式

演習問題

1 分数 $\dfrac{30}{7}$ を小数で表したとき，小数第100位の数字として正しいものはどれか。

  1 1   2 2   3 4   4 5   5 7

2 $x=\sqrt{2}-1$ のとき，$x+\dfrac{1}{x}$ の値として正しいものはどれか。

  1 $2\sqrt{2}$ 2 $2\sqrt{2}-2$ 3 $2\sqrt{2}-1$ 4 $3\sqrt{2}-3$
  5 $3\sqrt{2}-2$

3 360の約数の総和として正しいものはどれか。

  1 1060   2 1170   3 1250   4 1280   5 1360

4 $\dfrac{x}{2}=\dfrac{y}{3}=\dfrac{z}{5}$ のとき，$\dfrac{x-y+z}{3x+y-z}$ の値として正しいものはどれか。

  1 -2 2 -1 3 $\dfrac{1}{2}$ 4 1   5 $\dfrac{3}{2}$

5 $\dfrac{\sqrt{2}}{\sqrt{2}-1}$ の整数部分を a，小数部分を b とするとき，$a\times b$ の値として正しいものは次のうちどれか。

  1 $\sqrt{2}$ 2 $2\sqrt{2}-2$ 3 $2\sqrt{2}-1$ 4 $3\sqrt{2}-3$
  5 $3\sqrt{2}-2$

6 $x=\sqrt{5}+\sqrt{2}$，$y=\sqrt{5}-\sqrt{2}$ のとき，x^2+xy+y^2 の値として正しいものはどれか。

  1 15   2 16   3 17   4 18   5 19

$\dfrac{\sqrt{2}}{\sqrt{2}-1}$ の整数部分を a，小数部分を b とするとき，b^2 の値として正しいものはどれか。

   1 $2-\sqrt{2}$ 2 $1+\sqrt{2}$ 3 $2+\sqrt{2}$ 4 $3+\sqrt{2}$

   5 $3-2\sqrt{2}$

8 ある中学校の生徒全員のうち，男子の7.5％，女子の6.4％を合わせて37人がバドミントン部員であり，男子の2.5％，女子の7.2％を合わせて25人が吹奏楽部員である。この中学校の女子全員の人数は何人か。

   1 246人   2 248人   3 250人   4 252人   5 254人

9 連続した3つの正の偶数がある。その小さい方2数の2乗の和は，一番大きい数の2乗に等しいという。この3つの数のうち，最も大きい数として正しいものはどれか。

   1 6   2 8   3 10   4 12   5 14

○○○解答・解説○○○

1 5

解説 実際に30を7で割ってみると，$\dfrac{30}{7}=4.28571428571\cdots\cdots$ となり，小数点以下は，6つの数字 "285714" が繰り返されることがわかる。$100\div6=16$ 余り4だから，小数第100位は，"285714" のうちの4つ目の "7" である。

2 1

解説 $x=\sqrt{2}-1$ を $x+\dfrac{1}{x}$ に代入すると，

$$x+\dfrac{1}{x}=\sqrt{2}-1+\dfrac{1}{\sqrt{2}-1}=\sqrt{2}-1+\dfrac{\sqrt{2}+1}{(\sqrt{2}-1)(\sqrt{2}+1)}$$

$$=\sqrt{2}-1+\dfrac{\sqrt{2}+1}{2-1}$$

$$=\sqrt{2}-1+\sqrt{2}+1=2\sqrt{2}$$

3 2

解説 360を素因数分解すると，$360 = 2^3 \times 3^2 \times 5$ であるから，約数の総和は $(1 + 2 + 2^2 + 2^3)(1 + 3 + 3^2)(1 + 5) = (1 + 2 + 4 + 8)(1 + 3 + 9)(1 + 5) = 15 \times 13 \times 6 = 1170$ である。

4 4

解説 $\dfrac{x}{2} = \dfrac{y}{3} = \dfrac{z}{5} = A$ とおく。

$x = 2A$，$y = 3A$，$z = 5A$ となるから，

$x - y + z = 2A - 3A + 5A = 4A$，$3x + y - z = 6A + 3A - 5A = 4A$

したがって，$\dfrac{x - y + z}{3x + y - z} = \dfrac{4A}{4A} = 1$ である。

5 4

解説 分母を有理化する。

$\dfrac{\sqrt{2}}{\sqrt{2} - 1} = \dfrac{\sqrt{2}(\sqrt{2} + 1)}{(\sqrt{2} - 1)(\sqrt{2} + 1)} = \dfrac{2 + \sqrt{2}}{2 - 1} = 2 + \sqrt{2} = 2 + 1.414\cdots = 3.414\cdots$

であるから，$a = 3$ であり，$b = (2 + \sqrt{2}) - 3 = \sqrt{2} - 1$ となる。

したがって，$a \times b = 3(\sqrt{2} - 1) = 3\sqrt{2} - 3$

6 3

解説 $(x + y)^2 = x^2 + 2xy + y^2$ であるから，

$x^2 + xy + y^2 = (x + y)^2 - xy$ と表せる。

ここで，$x + y = (\sqrt{5} + \sqrt{2}) + (\sqrt{5} - \sqrt{2}) = 2\sqrt{5}$，

$\qquad\quad xy = (\sqrt{5} + \sqrt{2})(\sqrt{5} - \sqrt{2}) = 5 - 2 = 3$

であるから，求める $(x + y)^2 - xy = (2\sqrt{5})^2 - 3 = 20 - 3 = 17$

7 5

解説 分母を有理化すると，

$\dfrac{\sqrt{2}}{\sqrt{2} - 1} = \dfrac{\sqrt{2}(\sqrt{2} + 1)}{(\sqrt{2} - 1)(\sqrt{2} + 1)} = \dfrac{2 + \sqrt{2}}{2 - 1} = 2 + \sqrt{2}$

$\sqrt{2} = 1.4142\cdots\cdots$ であるから，$2 + \sqrt{2} = 2 + 1.4142\cdots\cdots = 3.14142\cdots\cdots$

したがって，$a = 3$，$b = 2 + \sqrt{2} - 3 = \sqrt{2} - 1$ といえる。

したがって，$b^2 = (\sqrt{2} - 1)^2 = 2 - 2\sqrt{2} + 1 = 3 - 2\sqrt{2}$ である。

$\boxed{8}$ 3

解説 男子全員の人数をx，女子全員の人数をyとする。

$0.075x + 0.064y = 37 \cdots$①

$0.025x + 0.072y = 25 \cdots$②

①－②×3より

$$\begin{array}{r} \left\{\begin{array}{l} 0.075x + 0.064y = 37 \cdots ① \\ 0.075x + 0.216y = 75 \cdots ②' \end{array}\right. \\ \hline -0.152y = -38 \end{array}$$

$\therefore \quad 152y = 38000 \quad \therefore \quad y = 250 \quad x = 280$

よって，女子全員の人数は250人。

$\boxed{9}$ 3

解説 3つのうちの一番小さいものを$x(x>0)$とすると，連続した3つの正の偶数は，x，$x+2$，$x+4$であるから，与えられた条件より，次の式が成り立つ。$x^2+(x+2)^2=(x+4)^2$　かっこを取って，$x^2+x^2+4x+4=x^2+8x+16$　整理して，$x^2-4x-12=0$　よって，$(x+2)(x-6)=0$　よって，$x=-2, 6$　$x>0$だから，$x=6$である。したがって，3つの偶数は，6，8，10である。このうち最も大きいものは，10である。

演習問題

$\boxed{1}$ 家から駅までの道のりは30kmである。この道のりを，初めは時速5km，途中から，時速4kmで歩いたら，所要時間は7時間であった。時速5kmで歩いた道のりとして正しいものはどれか。

  1 8km   2 10km   3 12km   4 14km   5 15km

$\boxed{2}$ 横の長さが縦の長さの2倍である長方形の厚紙がある。この厚紙の四すみから，一辺の長さが4cmの正方形を切り取って，折り曲げ，ふたのない直方体の容器を作る。その容積が64cm³のとき，もとの厚紙の縦の長さとして正しいものはどれか。

  1 $6-2\sqrt{3}$ 2 $6-\sqrt{3}$ 3 $6+\sqrt{3}$ 4 $6+2\sqrt{3}$
  5 $6+3\sqrt{3}$

$\boxed{3}$ 縦50m，横60mの長方形の土地がある。この土地に，図のような直角に交わる同じ幅の通路を作る。通路の面積を土地全体の面積の$\frac{1}{3}$以下にするには，通路の幅を何m以下にすればよいか。

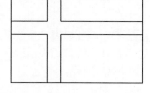

  1 8m   2 8.5m   3 9m   4 10m
  5 10.5m

$\boxed{4}$ 下の図のような，曲線部分が半円で，1周の長さが240mのトラックを作る。中央の長方形ABCDの部分の面積を最大にするには，直線部分ADの長さを何mにすればよいか。次から選べ。

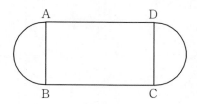

  1 56m   2 58m   3 60m   4 62m   5 64m

5 AとBの2つのタンクがあり，Aには8m³，Bには5m³の水が入っている。Aには毎分1.2m³，Bには毎分0.5m³ずつの割合で同時に水を入れ始めると，Aの水の量がBの水の量の2倍以上になるのは何分後からか。正しいものはどれか。

　　1　8分後　　　2　9分後　　　3　10分後　　　4　11分後　　　5　12分後

○○○解答・解説○○○

1 2

解説　時速5kmで歩いた道のりを$x$kmとすると，時速4kmで歩いた道のりは，$(30-x)$kmであり，時間＝距離÷速さ　であるから，次の式が成り立つ。

$$\frac{x}{5}+\frac{30-x}{4}=7$$

両辺に20をかけて，$4x+5(30-x)=7 \times 20$

整理して，$4x+150-5x=140$

　よって，$x=10$ である。

2 4

解説　厚紙の縦の長さを$x$cmとすると，横の長さは$2x$cmである。また，このとき，容器の底面は，縦$(x-8)$cm，横$(2x-8)$cmの長方形で，容器の高さは4cmである。

厚紙の縦，横，及び，容器の縦，横の長さは正の数であるから，

　$x>0,\ x-8>0,\ 2x-8>0$

すなわち，$x>8\cdots\cdots$①

容器の容積が64cm³であるから，

$4(x-8)(2x-8)=64$となり，

　$(x-8)(2x-8)=16$

これより，$(x-8)(x-4)=8$

$x^2-12x+32=8$となり，$x^2-12x+24=0$

よって，$x=6\pm\sqrt{6^2-24}=6\pm\sqrt{12}=6\pm2\sqrt{3}$

このうち①を満たすものは，$x=6+2\sqrt{3}$

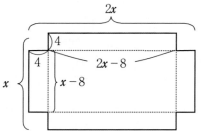

3 4

解説 通路の幅をxmとすると，$0<x<50$……①
また，$50x+60x-x^2\leqq1000$
よって，$(x-10)(x-100)\geqq0$
したがって，$x\leqq10$，$100\leqq x$……②
①②より，$0<x\leqq10$　つまり，10m以下。

4 3

解説 直線部分ADの長さをxmとおくと，$0<2x<240$より，
xのとる値の範囲は，$0<x<120$である。

半円の半径をrmとおくと，
$2\pi r=240-2x$より，
$$r=\frac{120}{\pi}-\frac{x}{\pi}=\frac{1}{\pi}(120-x)$$

長方形ABCDの面積をym²とすると，

$$y=2r\cdot x=2\cdot\frac{1}{\pi}(120-x)x$$
$$=-\frac{2}{\pi}(x^2-120x)$$
$$=-\frac{2}{\pi}(x-60)^2+\frac{7200}{\pi}$$

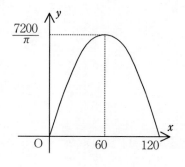

この関数のグラフは，図のようになる。yは$x=60$のとき最大となる。

5 3

解説 x分後から2倍以上になるとすると，題意より次の不等式が成り
立つ。
$$8+1.2x\geqq2(5+0.5x)$$
かっこをはずして，$8+1.2x\geqq10+x$
整理して，$0.2x\geqq2$　よって，$x\geqq10$
つまり10分後から2倍以上になる。

演習問題

1 1個のさいころを続けて3回投げるとき，目の和が偶数になるような場合は何通りあるか。正しいものを選べ。

1　106通り　　2　108通り　　3　110通り　　4　112通り
5　115通り

2 A，B，C，D，E，Fの6人が2人のグループを3つ作るとき，AとBが同じグループになる確率はどれか。正しいものを選べ。

1　$\dfrac{1}{6}$　　2　$\dfrac{1}{5}$　　3　$\dfrac{1}{4}$　　4　$\dfrac{1}{3}$　　5　$\dfrac{1}{2}$

○○○解答・解説○○○

1 2

解説　和が偶数になるのは，3回とも偶数の場合と，偶数が1回で，残りの2回が奇数の場合である。さいころの目は，偶数と奇数はそれぞれ3個だから，

(1)　3回とも偶数：$3 \times 3 \times 3 = 27$〔通り〕

(2)　偶数が1回で，残りの2回が奇数

・偶数/奇数/奇数：$3 \times 3 \times 3 = 27$〔通り〕

・奇数/偶数/奇数：$3 \times 3 \times 3 = 27$〔通り〕

・奇数/奇数/偶数：$3 \times 3 \times 3 = 27$〔通り〕

したがって，合計すると，$27 + (27 \times 3) = 108$〔通り〕である。

2 2

解説　A，B，C，D，E，Fの6人が2人のグループを3つ作るときの，すべての作り方は$\dfrac{{}_6C_2 \times {}_4C_2}{3!} = 15$通り。このうち，AとBが同じグループになるグループの作り方は$\dfrac{{}_4C_2}{2!} = 3$通り。よって，求める確率は$\dfrac{3}{15} = \dfrac{1}{5}$である。

演習問題

1 次の図で，直方体 ABCD－EFGH の辺 AB，BC の中点をそれぞれ
M，N とする。この直方体を3点 M，F，N を通る平面で切り，頂点 B
を含むほうの立体をとりさる。AD＝DC
＝8cm，AE＝6cm のとき，△MFN の
面積として正しいものはどれか。

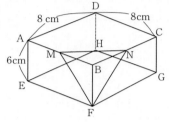

1 $3\sqrt{22}$〔cm²〕　　2 $4\sqrt{22}$〔cm²〕
3 $5\sqrt{22}$〔cm²〕　　4 $4\sqrt{26}$〔cm²〕
5 $4\sqrt{26}$〔cm²〕

2 右の図において，四角形 ABCD は円に内
接しており，弧BC＝弧CD である。AB，AD
の延長と点 C におけるこの円の接線との交点
をそれぞれ P，Q とする。AC＝4cm，CD＝
2cm，DA＝3cm とするとき，△BPC と△
APQ の面積比として正しいものはどれか。

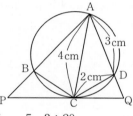

1 1:5　　2 1:6　　3 1:7　　4 2:15　　5 3:20

3 1辺の長さが15のひし形がある。その対角線の長さの差は6である。
このひし形の面積として正しいものは次のどれか。

1 208　　2 210　　3 212　　4 214　　5 216

4 右の図において，円C_1の
半径は2，円C_2の半径は5，2
円の中心間の距離は$O_1O_2＝9$
である。2円の共通外接線lと2
円C_1，C_2との接点をそれぞれ A，
B とするとき，線分 AB の長さ
として正しいものは次のどれ
か。

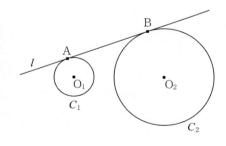

1 $3\sqrt{7}$　　2 8　　3 $6\sqrt{2}$　　4 $5\sqrt{3}$　　5 $4\sqrt{5}$

5 下の図において，点Eは，平行四辺形ABCDの辺BC上の点で，AB＝AEである。また，点Fは，線分AE上の点で，∠AFD＝90°である。∠ABE＝70°のとき，∠CDFの大きさとして正しいものはどれか。

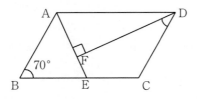

1 48°　　2 49°　　3 50°　　4 51°　　5 52°

6 底面の円の半径が4で，母線の長さが12の直円すいがある。この円すいに内接する球の半径として正しいものは次のどれか。

1 $2\sqrt{2}$

2 3

3 $2\sqrt{3}$

4 $\dfrac{8}{3}\sqrt{2}$

5 $\dfrac{8}{3}\sqrt{3}$

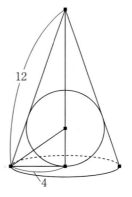

○○○解答・解説○○○

1 2

 △MFNはMF＝NFの二等辺三角形。MB＝$\dfrac{8}{2}$＝4, BF＝6より，

$MF^2＝4^2＋6^2＝52$

また，MN＝$4\sqrt{2}$

FからMNに垂線FTを引くと，△MFTで三平方の定理より，

$FT^2＝MF^2－MT^2＝52－\left(\dfrac{4\sqrt{2}}{2}\right)^2＝52－8＝44$

よって，FT＝$\sqrt{44}＝2\sqrt{11}$

したがって，△MFN＝$\dfrac{1}{2}\cdot 4\sqrt{2}\cdot 2\sqrt{11}＝4\sqrt{22}$〔cm²〕

2 3

解説 ∠PBC＝∠CDA，∠PCB＝∠BAC＝∠CADから，

△BPC∽△DCA

相似比は2：3，面積比は，4：9

また，△CQD∽△AQCで，相似比は1：2，面積比は1：4

したがって，△DCA：△AQC＝3：4

よって，△BPC：△DCA：△AQC＝4：9：12

さらに，△BPC∽△CPAで，相似比1：2，面積比1：4

よって，△BPC：△APQ＝4：(16＋12)＝4：28＝1：7

3 5

解説 対角線のうちの短い方の長さの半分の長さをxとすると，長い方の対角線の長さの半分は，$(x+3)$と表せるから，三平方の定理より次の式がなりたつ。

$x^2+(x+3)^2=15^2$

整理して，$2x^2+6x-216=0$　よって，$x^2+3x-108=0$

$(x-9)(x+12)=0$より，$x=9,-12$　xは正だから，$x=9$である。

したがって，求める面積は，$4\times\dfrac{9\times(9+3)}{2}=216$

4 5

解説 円の接線と半径より$O_1A\perp l$，$O_2B\perp l$であるから，点O_1から線分O_2Bに垂線O_1Hを下ろすと，四角形AO_1HBは長方形で，

$HB=O_1A=2$だから，

$O_2H=3$

△O_1O_2Hで三平方の定理より，

$O_1H=\sqrt{9^2-3^2}=6\sqrt{2}$

よって，$AB=O_1H=6\sqrt{2}$

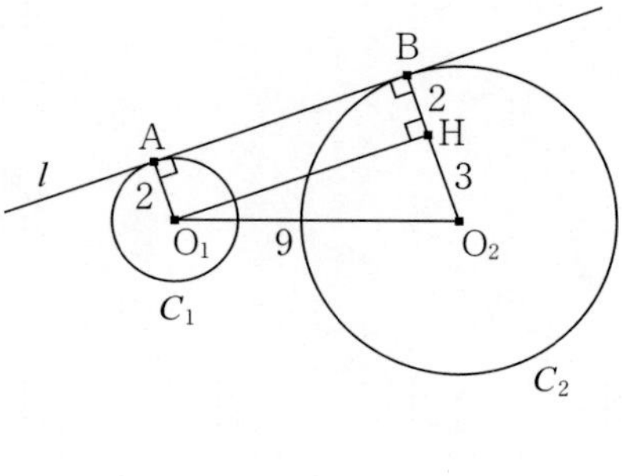

⑤ 3

解説 ∠AEB = ∠ABE = 70° より，∠AEC = 180 − 70 = 110°

また，∠ABE + ∠ECD = 180° より，∠ECD = 110°

四角形FECDにおいて，四角形の内角の和は360°だから，

∠CDF = 360° − (90° + 110° + 110°) = 50°

⑥ 1

解説 円すいの頂点をA，球の中心を
O, 底面の円の中心をHとする。3点A, O,
Hを含む平面でこの立体を切断すると，
断面は図のような二等辺三角形とその内
接円であり，求めるものは内接円の半径
OHである。

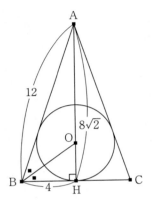

△ABHで三平方の定理より，

$$AH = \sqrt{12^2 - 4^2} = 8\sqrt{2}$$

Oは三角形ABCの内心だから，BO
は∠ABHの2等分線である。

よって，AO : OH = BA : BH = 3 : 1

$$OH = \frac{1}{4}AH = 2\sqrt{2}$$

演習問題

1 O市，P市，Q市の人口密度（1km²あたりの人口）を下表に示してある，O市とQ市の面積は等しく，Q市の面積はP市の2倍である。

市	人口密度
O	390
P	270
Q	465

このとき，次の推論ア，イの正誤として，正しいものはどれか。

ア　P市とQ市を合わせた地域の人口密度は300である

イ　P市の人口はQ市の人口より多い

1　アもイも正しい

2　アは正しいが，イは誤り

3　アは誤りだが，イは正しい

4　アもイも誤り

5　アもイもどちらとも決まらない

2 2から10までの数を1つずつ書いた9枚のカードがある。A，B，Cの3人がこの中から任意の3枚ずつを取ったところ，Aの取ったカードに書かれていた数の合計は15で，その中には，5が入っていた。Bの取ったカードに書かれていた数の合計は16で，その中には，8が入っていた。Cの取ったカードに書かれていた数の中に入っていた数の1つは，次のうちのどれか。

1　2　　2　3　　3　4　　4　6　　5　7

3 体重の異なる8人が，シーソーを使用して，一番重い人と2番目に重い人を選び出したい。シーソーでの重さ比べを，少なくとも何回行わなければならないか。ただし，シーソーには両側に1人ずつしか乗らないものとする。

1　6回　　2　7回　　3　8回　　4　9回　　5　10回

4 A～Fの6人がゲーム大会をして，優勝者が決定された。このゲーム大会の前に6人は，それぞれ次のように予想を述べていた。予想が当たったのは2人のみで，あとの4人ははずれであった。予想が当たった2人の組み合わせとして正しいものはどれか。

A 「優勝者は，私かCのいずれかだろう。」
B 「優勝者は，Aだろう。」
C 「Eの予想は当たるだろう。」
D 「優勝者は，Fだろう。」
E 「優勝者は，私かFのいずれかだろう。」
F 「Aの予想ははずれるだろう。」

　　1 A，B　　2 A，C　　3 B，D　　4 C，D　　5 D，E

5 ある会合に参加した人30人について調査したところ，傘を持っている人，かばんを持っている人，筆記用具を持っている人の数はすべて1人以上29人以下であり，次の事実がわかった。

　ⅰ）傘を持っていない人で，かばんを持っていない人はいない。
　ⅱ）筆記用具を持っていない人で，かばんを持っている人はいない。
このとき，確実に言えるのは次のどれか。

1 かばんを持っていない人で，筆記用具を持っている人はいない。
2 傘を持っている人で，かばんを持っている人はいない。
3 筆記用具を持っている人で，傘を持っていない人はいない。
4 傘を持っていない人で，筆記用具を持っていない人はいない。
5 かばんを持っている人で，傘を持っている人はいない。

6 次A，B，C，D，Eの5人が，順に赤，緑，白，黒，青の5つのカードを持っている。また赤，緑，白，黒，青の5つのボールがあり，各人がいずれか1つのボールを持っている。各自のカードの色とボールの色は必ずしも一致していない。持っているカードの色とボールの色の組み合わせについてア，イのことがわかっているとき，Aの持っているボールの色は何色か。ただし，以下でXとY2人の色の組み合わせが同じであるとは，「Xのカード，ボールの色が，それぞれYのボール，カードの色と一致」していることを意味する。

ア　CとEがカードを交換すると，CとDの色の組み合わせだけが同じになる。
イ　BとDがボールを交換すると，BとEの色の組み合わせだけが同じ

になる。

1 青　2 緑　3 黒　4 赤　5 白

○○○**解答・解説**○○○

1 3

解説　「O市とQ市の面積は等しく，Q市の面積はP市の2倍」ということから，仮にO市とQ市の面積を1km²，P市の面積を2km²と考える。

ア…P市の人口は270×2＝540人，Q市の人口は465×1＝465人で，2つの市を合わせた地域の面積は3km2なので，人口密度は，（540＋465）÷3＝335人になる。

イ…P市の人口は540人，Q市は465人なので，P市の方が多いので正しいといえる。

よって推論アは誤りだが，推論イは正しい。

よって正解は3である。

2 3

解説　まず，Bが取った残りの2枚のカードに書かれていた数の合計は，16－8＝8である。したがって2枚のカードはどちらも6以下である。ところが「5」はAが取ったカードにあるから除くと，「2」，「3」，「4」，「6」の4枚となるが，この中で2数の和が8になるのは，「2」と「6」しかない。

次にAが取った残りの2枚のカードに書かれていた数の合計は，15－5＝10である。したがって2枚のカードはどちらも8以下である。この中で，すでにA自身やBが取ったカードを除くと「3」，「4」，「7」の3枚となるが，この中で2数の和が10になるのは，「3」と「7」のみである。

以上のことから，Cの取った3枚のカードは，AとBが取った残りの「4」「9」「10」である。

3 4

解説　全員の体重が異なるのだから，1人ずつ比較するしかない。したがって一番重い人を見つけるには，8チームによるトーナメント試合数，すなわち8－1＝7（回）でよい。図

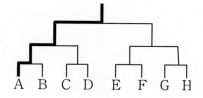

は8人をA〜Hとしてその方法を表したもので，Aが最も重かった場合である。次に2番目に重い人の選び出し方であるが，2番目に重い人の候補になるのは，図でAと比較してAより軽いと判断された3人である。すなわち最初に比較したBと，2回目に比較したC，Dのうちの重い方と，最後にAと比較したE〜Hの中で一番重い人の3人である。そしてこの3人の中で一番重い人を見つける方法は2回でよい。結局，少なくとも7＋2＝9（回）の重さ比べが必要であるといえる。

4 1

解説 下の表は，縦の欄に優勝したと仮定した人。横の欄に各人の予想が当たったか（○）はずれたか（×）を表したものである。

	A	B	C	D	E	F
A	○	○	×	×	×	×
B	×	×	×	×	×	○
C	○	×	×	×	×	×
D	×	×	×	×	×	○
E	×	×	○	×	○	○
F	×	×	○	○	○	○

「予想が当たったのは，2人のみ」という条件を満たすのは，Aが優勝したと仮定したときのAとBのみである。よって，1が正しい。

5 3

解説 ⅰ）ⅱ）より集合の包含関係は図のようになっている。

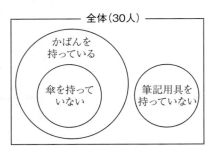

図より，傘を持っていない人の集合と，筆記用具を持っていない人の集

合の共通部分は空集合であり，選択肢1，2，3，5については必ずしも空集合とは限らない。

したがって，確実に言えるのは「傘を持っていない人で，筆記用具を持っていない人はいない」のみである。

6 5

解説 最初の状態は，

	A	B	C	D	E
カード	赤	緑	白	黒	青

まずアより，EとCがカードを交換した場合，CとDの色の組み合わせだけが同じになることから，ボールの色が次のように決まる。

	A	B	C	D	E
カード	赤	緑	青	黒	白
ボール			黒	青	

つまり，Cのボールが黒，Dのボールが青と決まる。

カード交換前のカードの色で表すと，

	A	B	C	D	E
カード	赤	緑	白	黒	青
ボール			黒	青	

さらにイより，BとDがボールを交換すると，BとEの色の組み合わせだけが同じになることから，Eのボールの色が緑とぎまる。つまり，

	A	B	C	D	E
カード	赤	緑	白	黒	青
ボール			黒	青	緑

ここで，Bのボールの色が白だとすると，Dとボールを交換したときに，CとDが黒と白で同じ色の組み合わせになってしまう。したがって，Aのボールの色が白，Bのボールの色が赤といえる。

つまり，次のように決まる。

	A	B	C	D	E
カード	赤	緑	白	黒	青
ボール	白	赤	黒	青	緑

● 情報提供のお願い ●

　就職活動研究会では，就職活動に関する情報を募集しています。

　エントリーシートやグループディスカッション，面接，筆記試験の内容等について情報をお寄せください。ご応募はメールアドレス（edit@kyodo-s.jp）へお願いいたします。お送りくださいました方々には薄謝をさしあげます。

　ご協力よろしくお願いいたします。

会社別就活ハンドブックシリーズ

アシックスの
就活ハンドブック

編　者	就職活動研究会
発　行	令和6年2月25日
発行者	小貫輝雄
発行所	協同出版株式会社

〒 101 – 0054
東京都千代田区神田錦町2 – 5
電話　03 – 3295 – 1341
振替　東京00190 – 4 – 94061

印刷所　協同出版・POD工場

落丁・乱丁はお取り替えいたします

●2025年度版●
会社別就活ハンドブックシリーズ
【全111点】

運　輸

東日本旅客鉄道の就活ハンドブック	小田急電鉄の就活ハンドブック
東海旅客鉄道の就活ハンドブック	阪急阪神 HD の就活ハンドブック
西日本旅客鉄道の就活ハンドブック	商船三井の就活ハンドブック
東京地下鉄の就活ハンドブック	日本郵船の就活ハンドブック

機　械

三菱重工業の就活ハンドブック	浜松ホトニクスの就活ハンドブック
川崎重工業の就活ハンドブック	村田製作所の就活ハンドブック
IHI の就活ハンドブック	クボタの就活ハンドブック
島津製作所の就活ハンドブック	

金　融

三菱 UFJ 銀行の就活ハンドブック	野村證券の就活ハンドブック
三菱 UFJ 信託銀行の就活ハンドブック	りそなグループの就活ハンドブック
みずほ FG の就活ハンドブック	ふくおか FG の就活ハンドブック
三井住友銀行の就活ハンドブック	日本政策投資銀行の就活ハンドブック
三井住友信託銀行の就活ハンドブック	

建設・不動産

三菱地所の就活ハンドブック	鹿島建設の就活ハンドブック
三井不動産の就活ハンドブック	大成建設の就活ハンドブック
積水ハウスの就活ハンドブック	清水建設の就活ハンドブック
大和ハウス工業の就活ハンドブック	

資源・素材

旭旭化成グループの就活ハンドブック	関西電力の就活ハンドブック
東レの就活ハンドブック	日本製鉄の就活ハンドブック
ワコールの就活ハンドブック	中部電力の就活ハンドブック

九州電力の就活ハンドブック

自動車

トヨタ自動車の就活ハンドブック

デンソーの就活ハンドブック

本田技研工業の就活ハンドブック

日産自動車の就活ハンドブック

商　社

三菱商事の就活ハンドブック

伊藤忠商事の就活ハンドブック

住友商事の就活ハンドブック

双日の就活ハンドブック

丸紅の就活ハンドブック

豊田通商の就活ハンドブック

三井物産の就活ハンドブック

情報通信・IT

NTT データの就活ハンドブック

サイバーエージェントの就活ハンドブック

NTT ドコモの就活ハンドブック

LINE ヤフーの就活ハンドブック

野村総合研究所の就活ハンドブック

SCSK の就活ハンドブック

日本電信電話の就活ハンドブック

富士ソフトの就活ハンドブック

KDDI の就活ハンドブック

日本オラクルの就活ハンドブック

ソフトバンクの就活ハンドブック

GMO インターネットグループ

楽天の就活ハンドブック

オービックの就活ハンドブック

mixi の就活ハンドブック

DTS の就活ハンドブック

グリーの就活ハンドブック

TIS の就活ハンドブック

食品・飲料

サントリー HD の就活ハンドブック

日本たばこ産業 の就活ハンドブック

味の素の就活ハンドブック

日清食品グループの就活ハンドブック

キリン HD の就活ハンドブック

山崎製パンの就活ハンドブック

アサヒグループ HD の就活ハンドブック

キユーピーの就活ハンドブック

生活用品

資生堂の就活ハンドブック

武田薬品工業の就活ハンドブック

花王の就活ハンドブック

電気機器

三菱電機の就活ハンドブック	パナソニックの就活ハンドブック
ダイキン工業の就活ハンドブック	富士通の就活ハンドブック
ソニーの就活ハンドブック	キヤノンの就活ハンドブック
日立製作所の就活ハンドブック	京セラの就活ハンドブック
ＮＥＣの就活ハンドブック	オムロンの就活ハンドブック
富士フイルム HD の就活ハンドブック	キーエンスの就活ハンドブック

保　険

東京海上日動火災保険の就活ハンドブック	三井住友海上火災保険の就活ハンドブック
第一生命ホールディングスの就活ハンドブック	損保ジャパンの就活ハンドブック

メディア

日本印刷の就活ハンドブック	エイベックスの就活ハンドブック
博報堂 DY の就活ハンドブック	東宝の就活ハンドブック
TOPPAN ホールディングスの就活ハンドブック	

流通・小売

ニトリ HD の就活ハンドブック	ZOZO の就活ハンドブック
イオンの就活ハンドブック	

エンタメ・レジャー

オリエンタルランドの就活ハンドブック	任天堂の就活ハンドブック
アシックスの就活ハンドブック	カプコンの就活ハンドブック
バンダイナムコ HD の就活ハンドブック	セガサミー HD の就活ハンドブック
コナミグループの就活ハンドブック	タカラトミーの就活ハンドブック
スクウェア・エニックス HD の就活ハンドブック	

▼会社別就活ハンドブックシリーズにつきましては，協同出版のホームページからもご注文ができます。詳細は下記のサイトでご確認下さい。

https://kyodo-s.jp/examination_company